기후
위기
부의
대전환

기후변화 10년 후
한국의 미래와 생존전략

기후 위기 부의 대전환

CLIMATE CRISIS
THE GREAT SHIFT
OF WEALTH

홍종호 지음

다산북스

땀의 의미를 가르쳐주신 아버지와

기도의 힘을 깨우쳐주신 어머니께

이 책을 바칩니다.

가보지 않은 길로의 도전

- 이준구
(서울대학교 경제학부 명예교수)

우리 인류에게 기후위기는 이제 발등에 떨어진 불처럼 시급한 문제가 되었다. 그런데도 문제의 절박성을 제대로 인식하고 있는 사람이 그리 많지 않다. 심지어 정치적 이해관계 때문에 기후위기의 존재 자체를 부정하려 드는 사람조차 있다. 이와 같은 무관심은 우리 사회라고 해서 예외가 아니다. 아니, 다른 선진국들에 비해 오히려 무관심의 정도가 훨씬 더 심하다고 말할 수 있다.

우리나라의 경제 규모는 세계 10위이며, 1인당 국민소득은

3만 달러 수준을 훨씬 넘고 있다. 이렇게 높아진 국제적 위상에 걸맞지 않게 기후위기를 막기 위한 우리의 노력은 지극히 미미한 수준이다. 지난해 우리는 6억 톤이 넘는 탄소를 배출해 탄소 배출량 세계 10위를 차지했으며, 1인당 탄소 배출량은 OECD 38개국 중 5위를 차지했다. 그런데도 온갖 핑계를 대가며 재생에너지 개발 같은 시급한 일을 차일피일 미루고 있다.

저자는 이미 선진국 대열에 들어선 우리에게 좀 더 책임 있는 기후정책을 요구하는 목소리가 높아져 간다는 사실을 지적한다. 탈탄소 경제를 중심으로 국제 무역규범이 재편되고 있는 상황에서 지금 우리 경제는 도약과 나락의 갈림길에 서 있다고 경고한다. 기후위기 극복을 위한 국제적 공조체제에 적극 협력하는 것은 우리 경제의 사활을 가르는 중차대한 과제라는 말이다.

이제 우리 앞에는 탄소 배출을 줄이면서 경제를 키워가야 하는, '가보지 않은 길'을 가야 할 숙제가 놓여 있다. 저자는 가보지 않았지만 반드시 가야만 하는 길이라고 소리 높여 부르짖는다. 기후위기를 둘러싼 거대한 전환의 흐름을 제대로 읽고 대응해야만 생존이 보장되는 상황에 처해 있기 때문이라는 것이다. 이 책의 곳곳에서 이와 같은 저자의 절박한 마음을 읽다 보면 함께 걱정하는 마음이 된다.

저자는 오랫동안 기후변화 문제에 천착해 온 자신이 공부하고, 고민하고, 살아온 이야기로 이 책을 만들었다고 말한다. 그리고 이 속에는 그동안 느껴왔던 희망과 안타까움이 버무려져 있다고 덧붙인다. 홍종호 교수는 지금까지 내가 가르친 제자들 중 가장 좋아하고 아끼는 사람 중 한 명이다. 이 책을 받아보고 그가 정말로 내 기대에 한 치도 어긋나지 않게 훌륭한 삶을 살아왔다는 경탄의 느낌을 받았다. 기후위기 문제 해결에 앞장서겠다는 그의 결기에 아낌없는 박수를 보내주고 싶었다.

기후위기 문제의 본질과 해법에 관한 논의는 전문가의 영역에 속한 일이다. 그러나 문제 해결을 위해서는 일반인들의 적극적인 참여가 필수적인데, 무엇보다 우선 기후문제에 대한 관심이 높아져야만 한다. 그렇기 때문에 저자는 어느 누구도 쉽게 읽고 이해할 수 있는 책을 만들려고 심혈을 기울였다. 나는 이 책이 기후위기에 관한 우리 사회의 관심을 한층 더 높이는 데 커다란 기여를 하리라고 본다. 이 책을 읽은 모든 사람이 기후위기와 맞서 싸우는 용감한 전사로 다시 태어나기를 기대해 보려고 한다.

기후위기 시대,
경제 패러다임이 바뀌고 있다

- 전광우

(세계경제연구원 이사장, 전 금융위원장·국민연금공단 이사장)

지난 3년간 인류는 코로나19가 몰고 온 복합 위기 상황에 맞서 힘겨운 싸움을 벌여왔다. 감염병으로 인해 환경 파괴와 기후변화에 대한 경각심은 커진 반면 경제활동은 위축됐으며, 양극화 현상은 심화되었다. 질병위기가 기후위기와 경제위기, 불평등 위기로 확산하고 있다. 러시아발 전쟁은 글로벌 에너지 수급 불균형을 가속화하고 있으며, 이 때문에 전 세계는 고물가와 경제 침체가 동시에 진행되는 스태그플레이션 위험에 직면해 있다.

기후위기는 인류를 두려움과 불확실성의 시대로 몰아넣는 역사적 대전환을 재촉하고 있다. 그렇다고 비관론에 머물러 있을 수는 없다. 경제 패러다임이 변화하며 ESG 원칙은 이미 경영과 투자의 핵심 트렌드로 자리 잡았다. 탈탄소 전략에 따라 선제적으로 기후변화에 대응하지 않으면 기업도, 국가도 생존할 수 없다는 것을 글로벌 금융시장이 누구보다도 앞서 간파하고 있다. 수많은 소비자와 투자자가 기후문제 해결에 앞장서는 기업과 금융기관을 선호한다. 선진국은 기업의 ESG 정보 공시를 의무화하는 정책을 구체화하고 있으며, 재생에너지를 사용하지 않고 탄소비용을 부담하지 않는 국가를 글로벌 경쟁의 낙오자로 만들려는 움직임을 본격화하고 있다.

때마침 홍종호 교수가 '기후'와 '경제'를 키워드로 책을 출간했다는 소식을 접하고 매우 반가웠다. 저자는 경제학 전공자로서 평생 환경문제를 교육과 연구를 통해 실천으로 녹여낸, 투철한 소명감을 지닌 흔치 않은 학자다. 오랜 시간 홍 교수를 봐온 나 역시 이 책을 읽으며 그가 젊은 시절부터 지나온 길과 경험을 새로이 확인할 수 있었다. 그것이 연구자로서의 삶을 통해 실현되는 과정은 큰 감동으로 다가왔다.

경제이론을 기후와 환경에 접목해 흥미롭게 풀어낸 저자의 깊은 문제의식과 뛰어난 표현력 또한 예사롭지 않다. 기후위기에 대응하기 위한 글로벌 사회의 거대한 변화와 대한민국의 지속가능한 미래를 고민하는 독자라면 놓치지 말아야 할 책이다.

기후위기가 한국 기업의 새로운 길이 되려면

- 최태원

(SK그룹 회장, 대한상공회의소 회장)

21세기 인류가 직면한 가장 큰 위협이 바로 기후변화라는 점에는 별 이견이 없어 보인다. 지구상에 탄소가 쌓이면 쌓일수록 인류가 겪을 기후피해는 증가하기에, 기후문제는 명백한 '시간과의 싸움'이다. 과학자들은 지구 온도가 일정 수준 이상으로 올라가면 더 이상 돌이키기 힘든 기후재앙이 찾아올 것이라고 우려의 목소리를 보내고 있다. 당장 눈앞에 닥친 기후문제를 해결하기 위해 탄소 배출을 줄이는 것이 우리 모두의 급선무가 되었다. 그래서 국제사회는 탄소에 가격을 매김으로써 경제주체들의 의사결정과 행동 방식을 바꾸려 노력하고 있다.

바로 이 기회를 잡아야 한다. 앞으로 탄소 가격은 지속적으로 오를 것이고, 여기에 선제적으로 대응하는 기업들에게는 새로운 시장이 열릴 것이다. ESG도 마찬가지다. 환경Environmental은 사람과 자연의 관계, 사회Social는 사람 그 자체, 거버넌스Governance는 사람과 사람의 관계를 새롭게 정립하자는 것이다. 기후위기 시대에 ESG경영이 화두로 떠오르는 건 자연스럽다.

그럼에도 주변을 보면 아직 기후위기를 '비용이 늘어나는 문제' 정도로 인식하는 경우가 많다. 하지만 기후는 단기적인 관점으로 봐서는 안 된다. 우리가 힘을 합쳐 먼저 기후위기의 해법을 제시하고 탈탄소 사회의 문을 연다면 이는 새로운 경제성장과 혁신의 기회가 됨은 물론이고, 우리나라가 국제 사회의 리더로 확고히 자리매김하는 계기가 될 것이다.

홍종호 교수는 우리나라 산업계와 꾸준히 소통하면서 탈탄소 경쟁력을 통해 기업 경쟁력을 확보할 수 있음을 강조해 왔다. 산업계에 항상 좋은 혜안을 준 그가 지금 이 시점에 책을 펴냈다는 소식을 듣고 반가웠다. 이 책은 기후문제의 원인, 과정, 결과 그리고 해법이 왜 돈과 떼려야 뗄 수 없는지 설득력 있게 서술하고 있다. 풍부한 사례를 바탕으로 다양한 문제 해결 방법론을 제시하며, 쉽고 친근한 언어로 독자에게 다가가 '경제학 책은 딱딱하다'는 선입견을 보기 좋게 날려버린다. '기후는 경제'라는 세상의 흐름을 통찰하고 싶은 모든 직장인과 청년들에게 일독을 권한다.

아직 늦지 않은 미래를 위해

- 이아림
(연세대학교 정치외교학과 1학년, 2021년 EBS「장학퀴즈」 환경리더 편 우승자)

'태어나보니 기후위기 시대였어요.' 요즘 청년의 마음을 울리는 한 문장이다. 어릴 적부터 환경에 관심이 많았던 나는 환경동아리 '해바라기'에서 수없이 캠페인을 진행하고 환경 영화를 제작하며 변화를 기대했지만, 그렇지 못한 현실에 우울감과 무력감에 휩싸이곤 했다. 활동을 하고 환경문제를 공부할수록 '지속가능한 미래'가 멀게만 느껴졌기 때문이다. 그러나 EBS 〈장학퀴즈〉 환경리더 편 멘토로 출연한 홍종호 교수님을 뵙고 생각이 달라졌다. 겉으로 보기에는 상충된 분야인 '경제'와 '환경'의 협력으로 마침내 지속가능한 미래를 만들 수 있다는 걸 깨달은 것이다.

홍종호 교수님은 이 책으로 다시 한번 '지속가능한 미래'로 가는 길을 보여주신다. 이 책은 환경문제에 이제 막 관심을 갖기 시작한 사람에게는 친절한 배려를, 나처럼 환경과 경제가 공생할 수 있는 길을 찾는 사람에게는 깨달음의 변곡점을, 보이지 않는 미래에 주저앉을 것 같은 사람에게는 다시금 박차고 일어날 힘을 준다.

아직 늦지 않았다. 홍종호 교수님의 제안을 바탕으로 우리가 행동하면 된다. 저성장과 취업난의 시대에 살고 있는 우리에게 기후위기는 또 다른 기회이며, 결코 유리된 문제가 아니다. 미래 세대가 '태어나보니 지속가능한 시대였어요'라고 당당히 외칠 수 있도록, 이 책을 통해 함께 방법을 찾아보자.

이 책을 펴내며

학부 교양수업이나 일반인을 상대로 강의를 할 때면 가끔 받는 질문이 있다. 왜 경제학을 공부했냐는 질문이다. 어떤 이유로 경제학을 공부하게 됐을까. 기억을 더듬어보면 어린 시절 경험과 무관하지 않다.

할아버지와 아버지가 1960년대 우리나라 산업의 중추였던 섬유 계통 사업을 하신 것도 영향이 있었을지 모른다. 총천연색 솜 다발 위로 몸을 던지는 놀이를 했던 기억이 난다. 서울 변두리의 중랑천 근처 솜 공장에 아버지를 따라다니던 시절이었던 듯하다. 어머니 말씀으로는, 사채 빚을 못 갚아 힘들어진 할

아버지 사업을 돕는다고 신혼여행에서 돌아온 직후 아버지는 거의 한 달 동안 집에 들어온 적이 없다고 했다. 툭하면 고장 나는 방직기계 옆에 이불을 깔고 잠을 청하며 일을 하셨단다. 하지만 먹고사는 문제에서 어린 시절의 나에게 가장 큰 충격을 준 것은, 밤낮없이 일하는 아버지의 모습이 아닌 다른 장면이었다.

대문 두드리는 소리가 나서 뛰어나가 문을 열었다. 얼굴이 시커멓고 다 해어진 옷을 입은 누군가가 손에 깡통을 들고 서 있었다. 내 기억에 남아 있는 최초의 거지 아저씨 모습이다. 너무 놀란 나는 얼른 엄마 치마 뒤로 가 숨었다. 아저씨가 밥을 달라고 했던 것 같다. 엄마는 부엌으로 들어가 솥에서 밥을 퍼 아저씨가 들고 있는 깡통 안에 넣어주었다. 나중에 어렴풋이 떠오르는 부엌 모습을 말씀드리니 어머니는 내가 대여섯 살이던 무렵, 우리 가족이 뚝섬에 살던 때인 것 같다고 했다. 당시 뚝섬에는 쓰레기 매립장이 있었다. 쓰레기 더미 위에 모여든 파리들을 고무줄로 잡으면서 놀았던 기억이 있다.

대문 앞에서 거지 아저씨를 본 순간 두 가지 감정이 교차했다. 무서운 마음과 불쌍한 마음. 모습이 흉측했는지는 모르겠으나, 엄마에게로 도망간 것을 보면 무서웠던 것이 틀림없다.

그런데 엄마가 밥을 주고 나니 고개를 숙이며 멀어져 가는 아저씨 모습을 보면서 불쌍한 마음이 없어지지 않았다. 왜 저 거지에게는 밥이 없는 걸까, 잠은 어디서 자나, 또 찾아오려나, 이런 생각들이 꼬리를 물었다. 누구는 왜 저렇게 어렵고 힘들게 사나, 하는 생각을 어렴풋이 했던 것 같다.

좀 더 철이 들면서 나는 장래 희망을 사업가로 정했다. 돈을 많이 벌고 싶었다. 왜? 내가 번 돈으로 거지 없는 세상을 만들고 싶었으니까. 거지에게 밥을 많이 주고 싶었다. 그러나 이 꿈은 중학교 2학년의 어느 순간 '내가 돈을 번다는 건 남의 돈을 가져오는 것인데, 남의 돈으로 남을 돕는다는 건 모순'이라는 생각에 사로잡히면서 접고 말았다. 어떤 계기로 그 시절 이런 극단적인 제로섬게임을 생각했는지 지금도 궁금하다.

내가 국민학교에 입학할 즈음 아버지 사업이 나아졌고, 우리 가족은 신당동으로 이사했다. 무슨 이유였는지 집에서 한참 떨어진 장충동까지 가서 놀았다. 골목길에서 빠삐 놀이와 공차기를 했다. 〈우주 소년 빠삐〉라는 만화영화가 최고 인기였을 때 나와 친구들은 빠삐가 차고 있던 목걸이를 흉내 내며 놀았다. 어느 날은 공차기를 하다 공이 근처 집 담장을 넘어갔다. 담장은 높았다. 내가 대표로 초인종을 눌러 공을 찾으러 들어갔다.

난 세상에 태어나 그렇게 큰 집은 처음 보았다. 초록빛 잔디밭이 내 눈앞에 펼쳐졌고, 공은 잔디밭에 놓여 있었다. 황급히 공을 주워 나오려는데 자동차가 세워진 차고가 보였다. 차가 한 대가 아니었다. 한 대, 두 대, 세 대, 자그마치 여섯 대나 있었던 것으로 기억한다. 크기는 또 얼마나 크던지. 나는 집에 돌아와 아빠, 엄마에게 내가 겪은 일을 얘기했다. 아빠가 말씀했다. "종호야, 아마 그 집은 우리나라에서 가장 잘사는 그분 집이 아닌가 싶다." 차 모양을 이야기했더니, 그건 벤츠라는 외제차일 거라고 설명해 주셨다. 아버지의 추정이 맞는다면 나는 우리나라에서 가장 큰 사업체를 운영하던 '그분'의 집에 들어가 본 셈이다.

어린 시절 목격한 깡통 든 거지와 대궐 같은 집의 잔영은 내 속에 깊이 자리 잡았다. 중학교 입학 후 나는 사업가의 꿈을 접고 의사가 되겠다고 마음먹었다. 인간을 살리는 가장 고귀한 일이라는 생각이 들어서였다. 그래서 슈바이처의 일대기를 탐독했다. 그러나 고등학교 때 접한 물리와 화학이 너무 어렵고 재미없어 이과 공부에서 멀어지고 말았다. 대신 내가 태어난 나라의 경제발전에 기여하고 싶다는 포부가 생겨 고등학교 1학년 말, 경제학 교수가 되겠다고 결심했다. 하지만 막상 대학에 입학하니 '이기심', '극대화'와 같은 단어로 점철된 경제학 교과서에 회의가 느껴질 뿐이었다. 학업에 흥미가 생기지 않았고, 심지어 몇 번이나 경제학 공부를 그만둬야겠다고 생각하기도 했다.

방황하는 경제학도로서 내가 유독 환경문제를 마음에 두게 된 시기는 대략 학부 3학년 말경이다. 대학 졸업을 앞두고 어떤 길을 찾을 것인가 고민하다가 환경문제로 관심이 옮아갔다. 당시 우리나라에서는 생소한 학문 분야였던 '환경경제학'을 내가 업으로 삼게 된 계기는 무엇이었을까? 돌이켜 생각할수록 아버지를 빼고는 설명할 수 없을 듯하다.

아버지는 나에게 무서운 분이었다. 자라면서 아버지에게 칭찬을 들은 기억이 없다. 성적을 잘 받아 와도 별말씀이 없었다. 어머니에 따르면 장손인 내가 태어났는데도 아버지는 나를 제대로 한번 안아준 적이 없었다고 한다. 그 대신 나를 혼내고 야단쳤다. 아버지가 매를 든 주된 이유는 나와 동생들의 싸움이었다. 나이 촘촘한 삼형제가 한집에 있다 보니 재미있게 놀다가도 한순간 주먹다짐하는 일이 종종 있었다. 그러면 이유 불문하고 우리는 아버지에게 크게 혼이 났다. 국민학교 2학년 어느 날, 나는 동생을 꼬드겨 아버지가 남긴 담배꽁초를 함께 피웠다. "아빠가 저걸 피우는 걸 보니 분명 좋은 것"일 거라고 동생을 유혹했다. 연기를 삼킨 순간 기절한 우리는, 깨어난 후 아버지로부터 치도곤을 당했다. 이때 경험한 담배 연기의 충격 때문인지 나는 평생 담배를 입에도 대지 않았다.

1975년, 내가 6학년일 때 우리 가족은 아버지를 따라 충청남도 금산군 남일면을 찾았다. 우리에게는 아무 연고가 없는 곳이다. 아버지는 150만 평에 달하는 거대한 산에 나무를 심겠다고 선언했다. 나무심기는 아버지 평생의 꿈이었다. 아버지가 어렸을 때 과수원을 잠시 일구었던 할아버지의 영향을 받았을 것이다. 가정환경 탓에 아버지는 10대 시절을 참 외롭게 보냈다. 한번은 다락방 구석에서 아버지가 고등학교 시절 공부했던 영어 문법책을 발견했는데, 책 안쪽 표지에는 투박한 글씨로 "I only believe in myself(나는 오직 나 자신만을 믿는다)"라는 문구가 적혀 있었다. 아버지는 정성을 쏟는 만큼 그대로 보답해 주는 나무 한 그루를 마음속 유일한 위안거리로 삼았는지도 모른다.

1970년대 중반부터 10년에 걸쳐 아버지는 100만 그루 이상을 조림했다. 매년 평균 10만 그루씩 심은 셈이다. 당시 하루 최대 1500명에 이르는 지역 주민이 나무심기에 참여했다. 벌거

숭이산을 푸르게 만들겠다는 1970년대 국가 시책에 따라 임금 보조를 포함한 여러 지원책이 생겨났고, 이에 힘입은 덕이었다. 정부는 속성수인 낙엽송을 장려했지만, 낙엽송이 크게 쓸모없는 수종으로 판명 난 이후에는 주로 잣나무를 심었다.

아버지의 숲을 보며 동네 사람들은 산세 깊은 이곳의 나무들이 다 자라고 나면 호랑이가 나올 거라고 수군거렸다. 당시 전주제지와 같은 법인을 제외하면 개인이 이만큼 나무를 심은 사례가 우리나라에는 없지 싶다. 아버지는 정부로부터 '모범 독림가(篤林家)'로 지정받을 정도로 조림에 온 정열을 쏟았다.

나는 10대 시절 이른 봄이면 나무 심으러, 여름이면 가족 휴가로 금산을 찾았다. 휴가 때는 나무 돌보기가 주된 일이었다. 대전까지는 경부고속도로를 타고 갔지만, 그다음부터는 두 시간 정도 비포장도로를 달려야 목적지에 도착할 수 있었다. 산에 도착하면 아버지는 쉴 틈도 없이 청바지에 밀짚모자를 쓰고 뒷주머니에는 전지가위를 차고 산길을 올랐다. 아버지의 수염 덥수룩한 얼굴에 땀이 흘렀다. 아버지 흉내를 내고 싶었던 나는 짐짓 뒷짐을 지고 헉헉거리며 그 뒤를 따라갔다. 아버지는 익숙한 솜씨로 전지가위를 이용해 가지치기를 했다. 그러고는 어떤 가지를 잘라내야 나무가 제대로 잘 자라는지 알려주셨다.

나는 마을 주민들과 함께 산등성이에 줄을 늘어뜨리고 정확한 간격에 맞춰 묘목을 심었다. 끝이 날카로워 흙을 잘 팔 수 있는 호미를 차지하는 날이면 기분이 좋았다. 산비탈에 나무 심는 일은 몸의 균형을 잃는 순간 굴러떨어지는 위험을 감수해야 하기에 긴장을 늦출 수 없었다. 얼마 전 이제는 주인이 바뀐 이곳을 찾아가 본 적이 있다. 마을까지 도로가 완비되어 서울에서 두 시간이면 너끈히 갈 수 있었다. 아버지의 땀이 서려 있는 금산, 산은 울창했다. 40여 년 전 산으로 올라가는 길목에 심었던 메타세쿼이아는 아름드리나무가 돼 있었다. 무릎 정도 오던 잣나무 묘목도 엄청난 높이를 자랑했다.

“사람은 거짓말을 할 수 있지만, 자연은 거짓말을 하지 않는다.” 산을 바라보며 아버지가 내게 해준 말씀이다. 지금도 마음 속 깊이 자리 잡고 있는 가르침이다. 사업의 관점으로는 투자 가치가 거의 없는 일이었지만, 아버지는 후회하지 않는다고 했다. 믿을 사람은 자기 자신밖에 없는 외로운 인생이라고 여긴 아버지에게 나무는 무한한 신뢰를 보낼 수 있는 대상이었다. 열심히 심고 아끼고 가꾸면 산은 개인과 나라에 많은 혜택으로 보답하리라고 확신했다. 아버지는 ‘환경과 경제는 순환한다’는 환경경제학의 대명제를 이미 평생의 체험으로 알고 있었다.

다섯 살 때 우리 집 문을 두드리며 밥을 구걸했던 거지의 모습이 나를 경제학의 세계로 안내했다면, 초중고 때 아버지와 함께한 나무심기 순례는 환경의 소중함을 마음속에 심어주었다. 대학 4학년 초 '이 땅의 공해문제'라는 제목으로 학내 학술 심포지엄이 열린다는 광고지를 보고 홀린 듯 행사장을 찾았다. 발표자의 마지막 말이 나의 귀를 때렸다. "공해는 저희 같은 자연과학도보다 사회과학도가 탐구해야 할 문제입니다." '맞아, 결국 환경오염은 인간의 경제활동 때문에 생기는 것이니 당연히 경제학도가 관심을 가져야지.' 학부 내내 경제학에 대한 기대와 회의가 교차해 미래를 고민하던 나에게 한 줄기 서광이 비치는 듯했다. 비인간적이고 고답적인 경제학에 대한 실망에서 벗어나 착하고 실천하는 경제학을 추구하고 싶다는 열망이 생겨난 순간이었다.

기후변화는 '미래'가 아닌 '현재'다

지금부터 34년 전인 1989년, 나는 박사과정에 갓 입학한 대학원생이었다. 경제학 학위과정 1년 차면 예외 없이 수강하는 미시경제학과 거시경제학, 계량경제학을 공부하느라 정신없이 바쁜 시간이었다. 하루는 건물 복도 게시판에 붙어 있는 공지문 하나에 눈이 갔다. 새로운 수업으로 '지구온난화Global Warming에 관한 학제 간 세미나'가 시작된다는 내용이었다. 환경문제를 경제학을 통해 연구하고 싶어 박사과정에 들어왔지만, '지구온난화'라는 말은 생소했다. 학문 분야가 다양한 교수들과 대학원생들이 한 주제를 놓고 경계를 뛰어넘어 자발적으로 모여 공부한다는 취지가 마음에 들었다. 기상학이나 경제학 교수는 물론, 환경윤리를 전공하는 철학과 교수도 세미나에서 만날 수 있었다. 나는 이 모임에 빠지지 않고 참석했다.

세미나 참석자는 돌아가면서 발표를 해야 했다. 이윽고 차례가 다가왔지만 박사과정 1년 차에 내 이름이 들어간 연구가 있을 리 없었다. 기후문제를 다룬 경제학 논문을 뒤졌다. '지구온난화가 농업 생산성에 미치는 영향'이라는 주제가 흥미로웠다. 지구 온도가 올라가면 세계지도에 나와 있는 곳곳에서 희비가 갈리게 된다. 추웠던 땅에서는 새롭게 농사를 지을 수 있으니 이득이지만, 어떤 곳은 너무 뜨거워져 더 이상 농작물을 키울 수 없게 된다.

어디가 유리하고, 어디가 불리할까. 전 세계를 몇 개 지역으로 나누어 온난화 영향을 정량적으로 분석한 논문들이 눈에 띄었다. 1980년대 초부터 경제학자들은 '연산가능한 일반균형모형Computable General Equilibrium, CGE'이라는 컴퓨터 시뮬레이션 기법을 개발, 본격적으로 사용하고 있었다. CGE 모형은 경제학 분야 중 재정학이나 국제경제학에서 정책 효과를 분석하는 도구로 사용돼 왔는데, 이것이 지구온난화에 따른 경제적 파급효과를 분석하는 데 응용되고 있었던 것이다. 교수와 동료 대학원생 앞에서 나는 익숙하지 않은 영어로 이 분야의 문헌과 연구 결과를 소개했다.

어느 날 기상학을 전공하는 교수의 발표가 있었다. 이제는 더 이상 사용하지 않는 오버헤드 프로젝터OHP에 투명 필름을 올려놓고 지구온난화의 경향성을 설명했다. 인간이 배출하는 온실가스로 인해 장기적으로 지구 온도는 상승할 것이며, 그 과정에서 변동성Variability은 더 커질 것이라고 예측했다. 극심한 더위와 추위가 반복해서 찾아올 수 있다는 말이다. 정말 그런 일이 일어날까 싶어 호기심 반 의구심 반으로 강의를 들었던 기억이 난다.

그 교수의 주장을 접한 지 30여 년이 지났다. 최근 나는 기후학 분야의 논문 한 편[1]을 읽었다. 저자들은 기후가 온실가스에 민감할수록 기후변동성이 커질 수 있음을 최신 모형을 통해 보여준다. 논문은 21세기를 지나는 동안 '극단적 더위Hyperwarming'와 온난화가 주춤하는 틈새 시기가 공존할 수 있음을 시사한다. 과연 인류는 지구온난화의 변화무쌍한 진폭과 속도에 맞춰 살아갈 수 있을까. 아니면 극심한 혼란과 천문학적 경제 피해라는 경착륙(硬着陸)을 맛보게 될까. 1980년대 후반 통용되던 '지구온난화'라는 용어는 그 후 좀 더 일반화된 개념인 '기후변화'로 진화하였고, 최근에는 '기후위기'와 '기후 비상사태', 심지어 '기후재앙'이라는 신조어까지 나왔을 정도니 기후문제가 얼마나 심각해졌는지 알 수 있을 것이다.

내가 대학원에 진학하던 무렵 미국에서는 기후변화의 진실을 알아내기 위한 과학계의 노력이 정치권의 관심을 불러일으켰다. 결정적 계기는 1988년 제임스 한센James Hansen 박사의 미 상원 청문회 증언이었다. 한센 박사는 미국항공우주국NASA 고다드 우주연구소Goddard Institute for Space Studies, GISS 소장으로서 의회 내 '에너지 및 자연자원 위원회'에 출석하여 지구온난화의 심각성을 설파했다.

"상원에서 전문가가 말하다: 지구온난화는 이미 시작됐다"

1988년 6월 24일 자 《뉴욕타임스》 1면 머리기사 제목이다. 기사는 "기상 관측이 시작된 과거 130년 동안, 지난 5개월만큼 지구가 더웠던 기간은 없었다. 이는 자연 요인이 아닌, 이산화탄소를 포함한 인위적 오염 물질이 대기 중에 누적되는 현상에서 기인한 것이 확실하다"라는 한센 박사의 말을 인용하고 있다. 이 청문회에 참석했던 여러 국회의원들은 지구온난화 속도와 피해를 줄이기 위한 대대적인 노력이 시급하다고 강조했다. 당시 세계에서 온실가스GreenHouse Gases, GHG 배출량이 가장 많았던 미국의 연방의회가 지구온난화를 본격적으로 의제화한 것이다.

대학원에 진학해서 환경·자원 경제 분야를 전공하고 싶다는 얘기를 꺼냈을 때만 해도 주위 사람들은 만류했다. 그 분야에 대한 학문적 수요는 당분간 없을 것이라고 했다. "밥을 굶을 것"이라는 충고도 들었다. 하지만 1994년 박사학위를 받은 후 그해 가을 나는 한 국책연구기관에 입사할 수 있었다. 1970년대 이후 우리나라를 대표하는 경제연구기관이었던 이곳에서 '환경경제' 분야 공채를 한 것은 그때가 처음이라고 했다. 사람들은 나에게 운이 좋았다고 했지만, 나는 내가 정말 하고 싶은 공부를 했을 따름이었다.

시대가 바뀌어 당시 내 전공 분야에 대한 수요가 생긴 데는 두 가지 이유가 있다. 1991년 국내에서는 한 전자장비 공장의 유독성 물질이 낙동강으로 흘러 들어가 수돗물을 오염시켰던 '낙동강 페놀오염 사건'이 일어났다. 낙동강을 식수원으로 하는 영남권 주민 500만 명이 피해를 입었다. 당시 유학생이었던 나는 일주일에서 열흘 정도 늦게 배달되는 한국발 신문을 학교 도서관에서 접했다. 페놀 사건 관련 사진이 1면 톱기사를 수차례 장식했다. 이 환경 사고가 우리 국민에게 준 충격은 상상 이상이었다. 돈을 넘어 생명이 중요하다는 사실을 깨닫는 계기가 됐다. 국제적으로는 1992년 각국 정상들이 탄소 배출 문제를 주요 의제로 다룬 '리우 세계 환경회의Rio Earth Summit'가 브라질에서 개최됐다. 지구온난화를 글로벌 이슈로 부각시킨 역사적 사건이었다. 리우 회의 이후 세계는 화석연료 사용 규제와 탄소 배출 완화를 위한 정책 개발 및 국제 협상에 본격적으로 돌입했다.

1990년대는 대한민국 정책사에서 '환경의 시대'라고 불러도 과언이 아닐 정도로 굵직한 정책 변화가 일어났다. 그만큼 환경정책과 환경행정에 큰 획이 그어진 시기였다. 환경청이 환경처로, 다시 환경부로 승격되면서 위상이 강화됐다. 폐기물 예치환불제나 쓰레기종량제와 같이 환경오염을 줄이기 위한 '경제적 유인수단' 방식의 정책들이 대거 도입됐다. 30대 초중반의 패기 넘치는 연구자였던 나는 환경세나 탄소세와 같이 온실가스를 줄이기 위한 보편적 조세제도가 곧 도입되리라는 기대를 품었다. 선배 학자들과 '환경세 연구회'를 만들어 보고서를 출간하고 정부에 정책을 건의하기도 했다. 그로부터 30년 가까이 논문 발표와 토론을 통해 환경과 에너지, 공공경제와 기후변화를 주제로 내 주장을 펼쳤다. 사회적 논란이 되는 이슈를 두고 언론과 소통했고, 때로는 개발과 보전이 부딪히는 갈등 현장에서 몸싸움과 같은 직접적인 행동도 마다하지 않았다.

하지만 변화는 쉽게 오지 않았다. 정부 정책에서 성장과 개발은 환경과 보전을 압도했다. 정치권은 기후문제를 외면했다. 기후위기는 국민들의 관심 저 너머에 있었다. 에너지원의 93%를 수입하는 나라에서 '풍부하고 값싼 에너지와 전기를 마음껏 쓰게 하자'가 오랫동안 정부 정책의 모토였다. 사람들은 전기요금을 전기세로, 수도요금은 수도세로 부르는 걸 전혀 어색해하지 않았다. 우리나라는 전기나 수도에 사실상 세금을 부과하지 않는데도 말이다. 실내에서 여름에는 긴팔 옷을 입고 겨울에는 내의 차림으로 지냈다. 에너지 사용을 줄이고 효율을 높이기 위한 기업들의 노력 또한 찾아보기 힘들었다. 바람과 빛으로 전기를 만들어야 한다는 간곡한 호소는 "말도 안 되는 소리"라는 냉소에 묻혔다. 어느덧 우리나라는 이산화탄소 배출량 증가 속도 OECD 국가 1위, 재생에너지 발전 비중 OECD 국가 꼴찌, 이산화탄소 총배출량 세계 7위 국가가 돼 있었다.

2020년, 세상이 바뀌었다. 무시무시한 전염병이 지구를 강타했다. 인류는 질병위기, 경제위기, 기후위기라는 3중 복합 위기를 겪으며 벼랑 끝으로 내몰렸다. COVID-19라고 명명된 신종 바이러스는 예측 불허의 전파력으로 질병과 죽음을 불러왔다. 바이러스 확산을 막기 위한 이동과 접촉 제한 조치로 경제활동은 순식간에 얼어붙었다. 대기 중에 누적된 온실가스는 폭염과 산불, 홍수와 가뭄을 가져왔다. 유럽은 40℃가 넘는 폭염에 시달렸고, 호주는 대한민국 국토의 두 배가 넘는 면적이 불에 타는 재앙을 겪었다. 파키스탄에서는 국토의 3분의 1이 물에 잠기며 1600명 이상이 사망했다. 세계 인구의 2.8%를 차지하지만, 온실가스 배출량 비중은 0.5%에 불과한 파키스탄 사례는 기후위기 피해의 국가 간 불평등을 보여준다.

더욱 무서운 사실은 이 세 가지 위기가 서로 물고 물리는 순환관계에 있다는 점이다. 지구 온도 상승은 야생동물의 생존율을 높이고 이동 반경을 확대하면서 인수공통감염병Zoonotic Diseases 확산을 가져왔다. 글로벌 감염병은 관광업과 요식업, 항공업과 물류업을 마비시키고 일자리를 빼앗아버렸다. 경제가 어려워지면 개도국에서는 석탄 사용이나 벌채처럼 기후위기를 악화시키는 행위가 늘어날 가능성이 높다. 이러한 악순환의 밑바닥에 '탄소기반경제Carbon Based Economy'가 자리 잡고 있는 것이다.

우리나라도 예외가 아니다. 2018년 여름 한반도는 최악의 폭염에 노출됐다. 서울 39.6℃, 강원도 홍천 41.0℃를 기록한 그해 8월 1일을 잊을 수 없다. 기상 관측 이래 역대 최고기온을 기록한 날이다. 그로부터 2년 후인 2020년 여름, 이 땅은 최장 장마의 고통을 견뎌야 했다. 부산 시내가 물에 잠겼고, 전남 구례 장터가 물바다로 변했다. 54일간의 장마는 우리 국민에게 기후변화가 먼 나라 이야기가 아닌, 당장 나와 내 가족이 겪을 수 있는 엄중한 현실임을 각인시켰다. 코로나라는 질병위기와 홍수라는 기후위기가 한데 뒤엉켜 우리 삶을 뒤흔들었다. 기후위기를 확인해 주기라도 하듯 2022년 초에는 강원도를 중심으로 거대한 산불이 번졌고, 겨울 가뭄에 바람까지 불어 산불은 걷잡을 수 없이 커졌다. 근처에 있는 원자력발전소와 LNG 저장 탱크에 불길이 번지지 않도록 산림청은 온 힘을 짜내야 했다. 폭염과 홍수, 산불을 연이어 겪으면서 한국 사회는 기후변화의 심각성을 온몸으로 체험했다.

기후문제를 새로운 차원으로 바라보는 개인과 공동체, 기업과 정치인이 이 땅에 생겨나고 있다. 기후위기를 애써 부정하거나 피하기보다는 부딪쳐 이겨내고 적극적으로 가치를 창출하자고 외치는 부류다. 이들은 환경보전과 경제성장을 제로섬Zero Sum으로 생각하지 않는다. 오히려 반대다. 적극적인 기후정책이 경제발전의 원천이 될 수 있다고 믿고 행동한다. 에너지를 아끼고 탄소를 줄이는 기업경영과 정부정책이야말로 지속가능한 지구를 만들고, 국민의 삶의 질을 높이며, 경제를 키우는 원동력이 된다고 확신한다. 그래서 스마트하고 혁신적인 기후전략을 마련하기 위해 끊임없이 머리를 맞대고 고민한다.

이들은 스스로 탈탄소를 실천하고 이 길을 함께 가자고 외친다. 가정에서 재생에너지로 생산한 전력을 소비하고 남는 전력은 이웃에게 판매하는 프로슈머Prosumer가 전 세계적으로 속속 등장하고 있다. 필요한 전력을 모두 재생에너지로 충당하겠다는 RE100100% Renewable Electricity을 선언하는 글로벌 기업이 늘어나고, 환경과 사회와 지배구조를 투자와 경영의 핵심으로 삼겠다는 ESGEnvironmental, Social, and Governance 혁신이 글로벌 금융질서를 뒤흔들고 있다. 바야흐로 기후경쟁력이 기업경쟁력이자 국가경쟁력인 시대에 들어선 것이다.

스위스 다보스에서 열리는 세계경제포럼World Economic Forum, WEF은 그해 지구촌의 주요 정치·경제 이슈를 가늠하는 방향타 역할을 한다. WEF에서는 매년 『지구 위험 보고서The Global Risk Report』를 발간한다. 경제, 지정학, 사회, 기술, 환경의 다섯 분야를 통틀어 미래 10년 내에 발생가능성Likelihood과 파급력Impact이 가장 큰 위험 요인을 전문가 설문을 통해 찾아내는 것이다. 지난 10년간 보고서가 꼽은 가장 위험도 높은 문제는 예외 없이 환경과 관련돼 있다. 2022년 1월 발표한 제17차 보고서에 따르면, 전 세계 전문가들이 꼽은 상위 다섯 개 글로벌 위험은 기후대응 실패, 극한 기상 현상, 생물다양성 손실, 사회응집 침식, 생존 위기였다. 경제 리더들이 한자리에 모이는 세계경제포럼의 주요 의제로 예외 없이 기후변화가 선정되는 것은 우연이 아니다. 테러나 빈곤, 난민 문제보다 기후위기가 인류를 위협하는 더 큰 위협 요소로 등장했다는 것이다.

사람들은 기후변화가 기상학이나 생태학, 지질학처럼 과학계가 고민해야 할 문제라고 생각한다. '기후변화의 본질을 이해하고 해법을 찾기 위해 경제학은 무슨 역할을 할 수 있는가'라는 물음 앞에서는 고개를 갸우뚱한다. 하지만 경제학은 기후변화 문제의 본질을 이해하는 데 없어서는 안 될 필수 학문이다. 기후변화의 시작과 끝이 경제와 연관돼 있기 때문이다. 경제활동의 핵심인 생산과 소비 과정에서 인간은 온실가스를 배출한다. 온실가스는 기후변화를 유발하고, 기후변화는 인간과 생태계에 각종 피해를 가져온다. 자연재해에 따른 인명 손실과 경제적 피해, 열사병과 같은 건강 피해, 폭염에 따른 노동생산성 하락, 바닷물 온도 상승과 산성화로 인한 대규모 산호초 멸실 등이 그것이다.

기후변화 대응은 탄소 배출을 줄이기 위한 노력인 완화Mitigation와, 더워진 날씨에 맞춰 살아가는 적응Adaptation 방안으로 나눌 수 있다. 완화든 적응이든 효과적인 정책을 세우려면 자원의 효율적이고 공평한 배분을 연구 대상으로 삼는 경제학의 도움이 필요하다. 그래서 기후문제는 경제문제이자 경제학의 연구 대상인 것이다.

기후변화는 먼 미래의 이야기가 아닌, 지금 당장 우리에게 닥친 위기다. 이제부터 경제학이 바라보는 기후, 기후가 진단하는 경제, 그 흥미진진한 이야기를 풀어가고자 한다.

차례

1
경제의 언어로 기후를 말하다

2

기후의 언어로 경제를 말하다

1

경제의 언어로
기후를 말하다

1부를 한마디로 요약하면 '경제학의 렌즈로 기후문제 바라보기'입니다. 경제학이라는 학문은 인간의 경제활동을 이해하고 통찰하기 위해 시작됐습니다. 기후변화가 인간 경제활동의 결과물이라는 명제를 받아들이는 순간, 기후문제는 자연스레 경제학의 영역으로 들어오게 됩니다. 그래서 경제학자들은 기존 경제이론을 활용하고 확장할 뿐만 아니라, 새로운 이론과 실증분석 방법을 개발하여 기후와 환경문제를 설명하고 바람직한 해법을 제시해 왔습니다. 1부에서는 경제학의 주요 학문 분과인 후생경제학, 재정학, 국제무역·통상론, 경제학설사 등에서 다뤄왔던 내용을 기후변화를 중심으로 재해석하여 여섯 개의 장으로 소개하려고 합니다. 너무 어렵지 않겠냐고요? 걱정하지 않으셔도 됩니다. 경제학을 모르더라도 쉽게 이해할 수 있도록 전문용어는 최대한 풀어 쓰고 흥미로운 사례를 많이 담았으니까요. 1부를 다 읽고 나면 '경제'도 '환경'도 여러분 앞에 성큼 다가와 있음을 느끼게 될 것입니다. 그럼 시작해 볼까요?

1장

가계와 기업, 그리고 제3의 경제주체 ‘환경’

1980년대 초반 고등학교를 졸업한 저는 대학의 경제학과에 입학했습니다. 경제학을 공부해서 길거리에 거지가 없는 나라, 보란 듯이 잘사는 나라를 만들고 싶다는 포부가 있었습니다. 학부 경제학과 학생이라면 1학년이 지나가기 전, 예외 없이 '경제학원론'을 수강하죠. 경제학원론 교과서 제1장에는 대체로

경제순환 모형

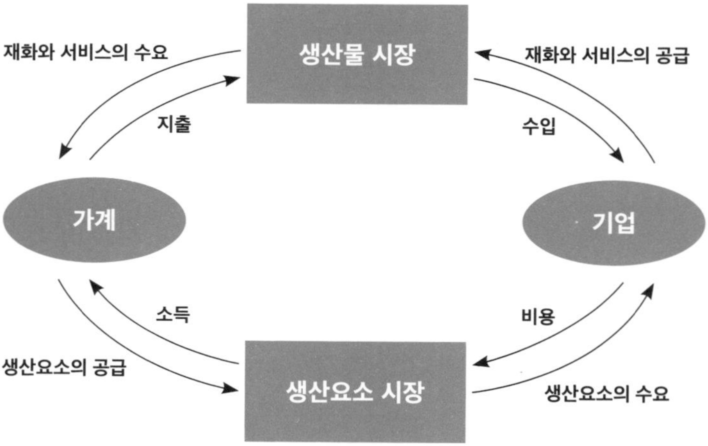

다음과 같은 글과 그림이 등장합니다.

> “경제란 인간의 물질적 필요와 욕망을 충족시키기 위한 재화와 서비스의 배분 질서다. 경제학은 자원배분 원리를 탐구하는 학문이다. 재화와 서비스를 배분하기 위한 두 가지 핵심 경제활동은 소비와 생산이다. 소비 주체는 개인 혹은 가계이고, 생산 주체는 기업이다.”

그림에는 ‘경제순환 모형Circular Flow Model’이라는 제목이 붙어 있습니다. 재화와 서비스, 노동과 자본의 흐름이 돈의 흐름과 반대 화살표 방향으로 흘러가는 시장경제의 작동 원리를 모형화한 것이죠. 세상에는 개인과 기업이라는 두 경제주체가 있으며, 생산물과 생산요소가 거래되는 두 개의 시장이 존재합니다. 개인은 자신의 필요와 욕망을 충족하기 위해 생산물시장에서 물건을 구입합니다. 물건 구입에 필요한 돈은 자신이 생산요소시장에 공급한 노동과 저축, 투자 등에서 얻어진 노동소득이나 금융소득을 통해 확보합니다. 기업은 이윤을 극대화하기 위해 물건을 만들어 생산물시장에 팔고 수입을 챙깁니다. 물건을 만들기 위해 필요한 노동과 자본은 생산요소시장에서 비용을 치르고 구입해 이용합니다.

대학 첫 학기 경제학 수업에서 경제와 시장의 작동 원리에 대한 설명을 접하고 제 마음은 불편해졌습니다. 사람을 물질적 이익을 추구하는 이기적인 존재로 규정하는 '경제적 인간Homo Economicus'이라는 용어가 제 기분을 상하게 했던 것이죠. 개인의 의사결정 기준을 '효용극대화'로 규정하고 이론을 전개하는 교과서에 거부감이 생겼습니다. '세상에, 인간이란 존재를 이렇게 단순하고 저급하게 묘사해 버리다니.', '나는 대학에 들어오기 전까지 가정에서나 학교에서 자신만의 만족을 위해 살라고 교육받지 않았는데.', '내가 경제학을 공부하겠다고 마음먹은 이유도 나 자신의 이익 추구와는 거리가 한참 먼데.' 학부 1학년 경제학원론 수업을 계기로 저는 강의실에서 배우는 경제학에 흥미를 잃어갔습니다.

'인간의 본질은 이기심인가?', '경제학은 인간이 이기적 존재라는 명제 위에 쌓아 올릴 수밖에 없는 학문인가?' 20대의 저를 괴롭힌 질문입니다. 애덤 스미스Adam Smith의 『국부론An Inquiry into the Nature and Causes of the Wealth of Nations』(1776)에는 다음과 같은 구절이 나옵니다.

> "우리의 저녁 식사가 가능한 것은 푸줏간 주인과 양조장 주인, 빵집 주인의 자비심 때문이 아니다. 오히려 그들의 자기 이익에 대한 애정 때문이다. 우리는 그들의 인간성에 호소하기보다는 그들의 자기애에 호소한다. 우리가 무엇이 필요한지 그들에게 말하기보다는 우리의 필요를 제공하는 것이 그들 자신에게 유리한 행위라고 말한다."

수요자와 공급자, 시장으로 이루어진 경제순환 모형을 이토록 적나라하면서도 통찰력 있게 설명하기도 쉽지 않을 겁니다.

20대를 마무리할 즈음, 인간의 이기적 속성을 결코 부정할 수 없는 스스로를 발견했습니다. 저 자신과 세상을 성찰하고 관찰하며 경험한 결과였습니다. 어머니가 물려준 신앙 덕에 인간과 사회의 본질을 점차 이해할 수 있었습니다. 이타적인 삶을 살아간다고 믿는 주변 사람들의 실상이 저를 실망시키기도 했죠. '자기중심적 인간'의 프리즘으로 인간 행동과 경제 현상을 설명할 때 많은 부분이 명확해졌습니다. 절대 다수 사람의 의사결정이 자기중심성에 기반하고 있음을 확인할 기회가 차고 넘쳤습니다. 도덕의 잣대로 설명하기에는 인간의 자기 이익 추구가 너무나 강력하고 지극히 보편적인 현상임을 깨달아가고 있었습니다.

무엇보다 저 자신이 세속적 욕망에서 온전히 자유롭지 않은 존재임을 인정하지 않을 수 없었습니다. 어릴 적 품었던 이웃과 나라 사랑의 마음이 사라진 것은 아니었지만, 그렇다고 저의 크고 작은 생각과 행동이 완벽한 이타심의 발현인 것도 아니었습니다. 이러한 불편한 결론에 다가가는 과정은 적잖이 고통스러웠습니다. 하지만 부인 못 할 사실이었죠. 200여 년 전 애덤 스미스가 인간의 행동 유인이 자비심이 아니라 이기심이라고 말했을 때 그의 심정은 어땠을까요.

경제학은 인간 행위에 대한 도덕적 판단 기준을 제공하는 학문이 아니라, 생존과 발전을 위해 몸부림치는 경제주체들로 구성된 공동체의 작동 원리를 설명하는 학문이라는 결론에 도달했습니다. 이 깨달음이 경제학에 대한 회의감을 많이 진정시켰죠. 로버트 하일브로너Robert Heilbroner는 경제사상사 분야 역대 최고의 베스트셀러를 쓴 저자로 유명합니다. 그가 왜 책 제목을 『세속의 철학자들』이라고 붙였는지 확 와닿았습니다. 경제학은 속세에 속해 세속의 삶을 살아가는 장삼이사의 행동 방식을 이해하고, 그들에게 좀 더 합리적인 의사결정 기준을 제시하는 데 목적이 있다는 생각에 이르렀습니다. 인간의 필요Need

와 욕망Desire, 탐욕Greed은 다릅니다. 필요는 채워야 하고, 욕망은 인정하되 절제해야 하며, 탐욕은 제어해야 합니다. 그 해법을 경제학을 통해 제시하고 싶어졌습니다. 그것은 꽤 의미 있고 가치 있는 일일 테니까요.

자연의 토대 없이 인간의 경제활동은 가능한가?

인간과 세상을 알아가고 경제학을 탐구하는 것이 힘들고 괴롭지만은 않았습니다. 대학원 공부를 하면서 인간의 도덕적이고 이타적인 행동을 이론화하고 증거를 찾는 연구에 헌신하는 경제학자를 만날 수 있었습니다. 참신하고 존경스러웠죠. 전통 경제학이 가정하는 '완벽하게' 합리적이고 '완벽하게' 이기적인 인간형을 부정하는 행동경제학을 접하기도 했습니다. 때로는 비합리적이고 종종 이타적이기도 한 인간의 행동 원리를 '손실 회피Loss Aversion'나 '사회적 규범Social Norm'과 같은 다양한 기제를 통해 규명하는 행동경제학자들의 주장이 매력적으로 다가왔습니다. 대학 1학년 경제학을 처음 접할 때 느꼈던 거부감과 좌절감이 점차 해소되면서, 내적 가치와 학문 사이에서 방황했던 저의 20대가 지나가고 있었습니다.

학부 졸업을 앞두고 환경문제에 눈을 돌리면서 경제와 환경의 관계를 설명하고 싶어졌습니다. 그런데 경제순환 모형에는 아무리 찾아봐도 자연이나 생태계가 들어갈 자리가 없었습니다. 오직 소비자와 생산자라는 두 경제주체만 보일 따름이었죠. 하지만 경제가 돌아가는 원리를 조금만 깊이 살펴보면, 소비와 생산 행위가 자연환경과 밀접한 관계를 맺고 있음을 알 수 있습니다. 광물과 산림과 동물은 인간이 직접 만들어내지 못하니까요. 태곳적부터 자연이 인간에게 제공해 준 자원인 것이죠. 인간은 자신이 개발한 기술을 이용하여 주어진 자원을 채굴, 가공, 사육하고 인간에게 이롭게 활용할 따름입니다.

이런 관점에서 저는 20세기를 대표하는 경제학자 중 한 명인 조지프 슘페터Joseph Schumpeter의 통찰이 마음에 들었습니다. "모든 생산은 궁극적으로 노동과 '자연의 선물Gifts of Nature' 혹은 토지라는 두 개 요소의 조합으로 귀결된다." 학부 때 읽었던 슘페터의 대표작인 『경제발전의 이론The Theory of Economic Development: An Inquiry into Profits, Capital, Credit, Interest, and the Business Cycle』(1911)에 나오는 말입니다. '맞아, 농업만 봐도 알 수 있지. 인간의 경제활동은 자연이 제공하는 땅과 빛과 물 없이 절대 가능하지 않아.'

곰곰이 생각해 보면 경제활동 주체를 인간에서 자연환경으로 확장할 때 경제 원리를 훨씬 넓고 깊게 이해할 수 있다는 걸 깨닫게 됩니다.

먼저 환경의 역할과 기능에 대해 알아볼까요. 우선, 환경은 생산과 소비 활동에 필요한 자원과 에너지를 공급하는 동시에 경제활동을 일정 정도 제약합니다. 상품 생산에 꼭 필요한 요소인 천연자원이나 에너지는 전적으로 자연이 인간에게 제공하는 혜택이지요. 시베리아와 같이 날씨가 지나치게 추운 지역에서는 농업 활동이 제약을 받을 수밖에 없으며, 홍수나 가뭄 역시 경제활동에 커다란 영향을 미칩니다.

다음으로, 환경은 경제활동 과정에서 발생한 폐기물을 일정 한도 내에서 흡수하여 정화합니다. 자연환경의 구성요소인 대기와 수자원, 토양은 인간이 배출하는 여러 오염 물질과 폐기물을 깨끗하게 만드는 자정능력Assimilative Capacity을 갖고 있습니다. 자정능력을 초과하는 오염이 발생하게 되면 그 차이만큼은 정화하지 못하는 것이죠.

셋째로, 환경은 깨끗한 공기와 물, 자연 경관을 통해 인간에게 만족과 행복을 제공합니다. 우리나라 사람들의 대표 여가 활동인 등산은 산과 산림이 인간에게 제공하는 대표적인 순기능이죠. 인간은 환경을 통해 심신 정화와 경이로움, 기쁨과 같은 효용을 누립니다.

반대로 환경에 미치는 경제의 영향력도 적지 않습니다. 경제활동에서 발생하는 오염된 대기와 물, 쓰레기는 환경으로 방출됩니다. 오염을 일으키는 주체에는 생산을 담당하는 기업만이 아니라 소비자도 포함되죠. 강 상류 공장에서 나오는 폐수, 경유 자동차에서 배출되는 미세먼지, 비위생 쓰레기 매립으로 인한 토양과 지하수 오염, 기후변화와 같은 지구적 차원의 환경오염처럼 수많은 사례가 있습니다.

경제활동 자체가 직접적인 환경 파괴를 가져오기도 합니다. 대규모 개발 사업이 불러오는 자연 경관 파괴나 갯벌 상실, 댐 건설에 따른 수몰 지역 발생을 예로 들 수 있죠. 한편 경제가 환경에 긍정적인 영향을 미치기도 하는데, 이는 경제활동이 환경 공급자 역할을 하는 데서 찾을 수 있습니다. 대표적인 사례가 조림 사업입니다. 나무심기는 산림자원과 산소 공급, 탄소 흡수와 홍수 예방과 같은 환경친화적인 기능을 수행합니다.

더 중요한 것은 환경과 경제가 서로 영향을 주고받을 뿐만 아니라, 물고 물리는 순환 구조를 갖는다는 사실입니다. 철강 생산이나 전력 공급에 사용한 석탄은 대기 중으로 아황산가스와 같은 오염 물질을 배출합니다. 배출량이 대기의 자정능력을 초과하면 공기 질이 나빠지고 산성비와 같은 환경문제가 발생하죠. 산성비는 장기적으로 산림을 황폐화시키는데, 이로 인해 산림이 인간에게 제공하는 순기능은 약화됩니다. 산림이 파괴된 다음 큰비가 내리면 인간이 겪는 피해는 훨씬 커지게 되죠. 인명과 재산 손실은 물론, 농업생산까지 타격을 입습니다. 인간이 잘 먹고 잘살기 위해 이용했던 석탄이 부메랑이 되어 경제활동에 피해를 가져오는 셈입니다.

기후변화 현상도 마찬가지입니다. 석탄이나 석유, 천연가스와 같은 화석연료의 대규모 이용은 인류 문명을 송두리째 바꾸어버린 산업혁명을 이뤄냈습니다. 자본축적과 기술혁신을 가능하게 했고, 그 덕분에 인류는 놀라운 경제성장과 삶의 질 상승을 이루었죠. 하지만 화석연료는 탄소를 끊임없이 발생시키면서 지구 온도를 높였습니다. 그 결과 인류는 가뭄과 홍수, 산불과 같은 자연의 역습에 상시적으로 노출되었고, 피해 또한 기하급수적으로 증가하고 있죠. 전형적인 악순환 구조라고 할 수 있습니다.

저는 환경과 경제의 상호 관계를 체계적이고 종합적으로 분석할 수 있는 경제모형을 찾고 싶었습니다. 1990년 즈음일 겁니다. 한창 박사과정 공부를 하던 시절 「생산, 소비, 그리고 외부성」[2]이라는 제목의 논문을 접했습니다. 물리학자 출신인 에리스 교수와 경제학자인 니스 박사가 공저한 논문입니다. 서로 다른 학문 분야를 접목한 융합연구가 경제학에서 가장 권위 있는 학술지에 실린 것이죠. 이 논문은 경제순환 모형을 대체하는 '물질균형 모형Materials Balance Model'을 제시하고 있습니다. 소비자와 생산자로 이루어진 기존 모형에 '자연환경'이라는 제3의 주체를 포함시켜 환경과 경제가 포함된 통합적인 접근을 시도했습니다. 눈이 번쩍 뜨였죠. 논문은 복잡한 수식과 설명을 포함하고 있지만, 물리학자와 경제학자가 그려낸 세상을 그

물질균형 모형

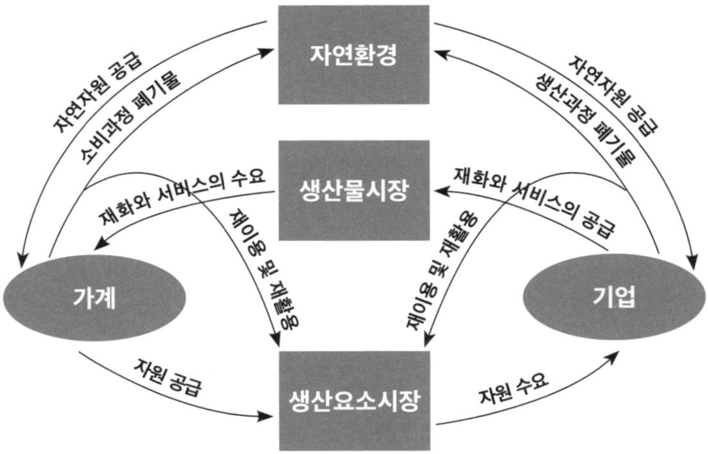

림으로 간략히 표현하면 아래와 같습니다.

논문을 읽고, 관련 문헌도 찾아봤습니다. 저자 중 한 명이 물리학자여서 그런지 논문을 이해하는 데 저로서는 생소한 과학지식이 필요했습니다. 물질균형 모형에서 가장 중요한 명제는 '환경 영역에서 경제 영역으로 유입되는 에너지의 총량은 그 반대로 유출되는 에너지의 총량과 궁극적으로 일치한다'는 것입니다. 이는 자연과학에서 말하는 열역학 제1 법칙The First Law of Thermodynamics으로 설명할 수 있습니다. 에너지 보존법칙으로도 불리는 이 법칙에 따르면 에너지는 창조되거나 파괴되지 않고 단지 다른 형태로 전환될 뿐이라는 것이죠.

예를 들어볼까요. 우리가 음식을 먹는 이유는 필요한 영양소를 얻기 위해서입니다. 대표적인 영양소가 탄수화물, 단백질, 지방이죠. 인간은 이들 영양소로부터 열량, 즉 에너지를 얻습니다. 이렇게 몸 안에서 확보한 에너지는 인간 생존에 필요한 기초대사량과 업무나 운동에 필요한 활동에너지로 사용되고, 여분이 있다면 지방과 글리코겐으로 몸에 저장됩니다. 더불어 물과 이산화탄소도 나오죠. 이때 우리가 섭취한 음식에 들어 있는 에너지의 총량은 우리가 소비하거나 저장한 에너지의 총량과 같다는 것이 열역학 제1 법칙입니다. 경제도 마찬가지입니다. 경제활동에 쓰인 에너지는 언젠가는 다양한 폐기물로 전환되어 환경 영역으로 배출됩니다. 어떠한 자원이든 일정 기간 경제 영역 안에 축적돼 있을 수 있으나, 결국은 환경 영역으로 유출된다는 것이죠.

열역학 제1법칙은 우리에게 두 가지 중요한 시사점을 제공합니다. 첫 번째는, 경제활동에 이용되는 에너지의 양이 많으면 많을수록 환경으로 배출되는 폐기물의 양도 많아진다는 것입니다. 에너지를 많이 사용하면 할수록 환경의 자정능력을 초과하는 양의 폐기물이 배출될 가능성이 높아지고, 결과적으로 환경 피해가 발생하게 됩니다. 자연에서 추출한 석탄은 생산과정을 통해 전기를 만들어내지만, 동시에 이산화탄소라는 폐기물을 유발하죠. 산업혁명 이후 200여 년간 폭발적으로 증가한 석탄 사용량은 대기 중에 탄소를 누적시키면서 기후변화를 일으켰습니다. 이로 인해 빈번히 발생하는 여름철 폭염은 인간의 건강과 생명을 해치고, 동식물 생존에 악영향을 미칩니다. 결국 폐기물 발생에 따른 피해를 줄이기 위해서는 경제활동에 사용하는 에너지를 줄여야 함을 시사합니다.

기후변화는 경제활동과 불가분의 관계에 있습니다. 인간의 경제행위 때문에 발생하는 온실가스는 지구 온도와 기후에 교란을 가져옵니다. 19세기 산업혁명 이후 화석연료가 사용되면서 온실가스 배출은 기하급수적으로 증가해 왔습니다. 대기에 축적된 온실가스는 지구 복사열을 차단하여 온난화를 일으키고, 그로 인해 인간과 생태계는 전 지구 차원의 다차원적 피해에 노출되고 있습니다. 결국 기후변화 문제를 해결하려면 인간의 경제활동을 제어해야 한다는 결론에 도달합니다.

두 번째 시사점은, 생산과 소비 과정에서 발생하는 폐기물을 재이용하거나 재활용한다면 그만큼 환경 영역으로 유출되는 폐기물 배출량을 줄일 수 있다는 것입니다. 환경의 자정능력을 유지하기 위해 재이용과 재활용이 갖는 중요성이 여기에 있습니다. 인간의 노력 여하에 따라 환경에 미치는 부담을 줄일 수 있기 때문입니다. 하지만 이 역시 환경 영역으로의 폐기물 배출량을 억제하는 궁극적인 해결책은 될 수 없습니다. 왜일까요? 물리적, 기술적으로 재이용과 재활용에 일정한 한계가 존재하고, 이를 위해 추가적인 에너지를 사용해야 할 뿐만 아니라, 재이용과 재활용 과정에서도 예외 없이 폐기물이 발생하기 때문입니다. 결국 재이용과 재활용은 폐기물이 환경 영역으로 배출되는 속도를 늦출 뿐입니다.

왜 폐기물은 완벽하게 재활용되지 않을까요? 그 비밀은 '엔트로피Entropy' 법칙이라고 불리는 열역학 제2법칙The Second Law of Thermodynamics에 숨어 있습니다. 이 법칙은 에너지를 사용하는 과정에서 더 이상 이용할 수 없는 에너지의 양이 점차 증가한다는 사실을 가르쳐줍니다. '무질서' 정도를 의미하는 엔트로피가 증가하는 것이죠. 이 법칙에 따르면 에너지는 질서 있는 상태에서 무질서한 상태로 변하고, 유용한 상태에서 무용한 상태로 변합니다. 따라서 경제활동 중 발생한 폐기물의 재활용 과정에서도 일부만을 재활용이 가능한 자원으로 활용하고, 나머지는 버릴 수밖에 없는 것이죠.

엔트로피 현상을 설명하는 예는 무수히 많습니다. 오늘날 인류의 가장 보편적인 이동 수단인 내연기관차를 생각해 볼까요. 자동차는 휘발유나 경유를 태워 엔진을 가동시킵니다. 이때 연료에 들어 있는 에너지의 25% 정도만 크랭크축을 통해 바퀴로 전달되고, 나머지는 배기가스를 통해 공기 중으로 배출되거나 엔진을 냉각하는 과정에서 잃어버립니다. 또한 석탄 발전기는 기계에너지를 전기에너지로 전환하는데, 이 과정에서 에너지 일부는 열 손실로 빠져나가기 때문에 100% 에너지 효율은 절대 달성할 수 없는 것이죠.

물질균형 모형은 제가 학부 때 배웠던 경제순환 모형에서 느꼈던 답답함을 해소해 주었습니다. 제가 지녔던 근본적인 문제의식, 즉 자연환경의 토대 없이 인간의 경제활동이 가능할 것인가라는 질문에 답을 주었죠. 재화와 노동, 돈의 순환을 통해 경제활동을 설명하려는 경제순환 모형과 비교하면 에너지와 자원, 폐기물의 순환과 균형으로 세상을 설명하는 물질균형 모형이 제공하는 통찰력이 더 마음에 들었습니다. 물질균형 모형을 통해 저는 비로소 다음과 같은 명제를 자신 있게 말할 수 있게 됐습니다.

> "모든 환경문제는 인간의 경제활동과 환경의 자정능력 사이에 균형이 깨짐으로써 발생하는 현상이다. 그 지구적 차원의 발현이 다름 아닌 기후변화 문제다."

박사학위 취득 후 저는 국책연구원과 사립대학교, 국립대학교를 거치며 지난 29년간 경제학을 연구하고 가르쳤습니다. 제 전공과 직접 관련하여 학부와 대학원에서 가르친 과목만 해도 여럿입니다. '환경문제의 경제적 이해', '녹색경제의 이해', '창의와 도전 신입생 세미나: 기후위기 시대, 우리는 무엇을 어떻게 할 것인가?', '기후위기와 인류', '환경경제학'과 같은 제목의 교과목을 개설하여 학생들을 만났습니다. 매 학기 첫 수업 시간이면 저는 학생들에게 경제순환 모형과 물질균형 모형을 대비하여 설명하곤 합니다. 물론 교양수업과 전공수업별로 설명의 깊이가 다르긴 합니다. 강의를 할 때면 제가 20대에 가졌던 문제의식과 고민이 학생들에게 전달되기 바라는 마음에 종종 감정이입이 되기도 합니다. 저는 확신합니다. 자연환경이 경제를 움직이는 핵심 주체임을 깨닫는 것이야말로 기후문제를 해결하는 첫걸음임을.

지난 몇 년 사이 수업을 통해 전해지는 학생들의 반응이 과거에 비해 더 적극적인 것을 느낍니다. 미래의 문제, 남의 문제로 치부했던 기후변화가 현재의 문제, 나의 문제로 치환되는 과정에서 학생들의 체감도가 달라졌기 때문이겠지요. 강의실에서 만나는 학생들에게 저는 말합니다, 인류는 스스로에게 다음과 같은 질문을 던져야 한다고. '경제활동의 어떤 측면에, 어떤 방식으로, 얼마만큼 개입하여 현재의 기후변화 경로에 변화를 줄 것인가?', '기후변화로 인한 돌이킬 수 없는 환경적, 경제적 피해를 막을 시간과 여력은 남아 있는가?', '인류는 기후변화 문제를 해결할 근본적인 의지와 실력을 갖추고 있는가?'

2장

오늘 태어난 아기,
50년 뒤에 태어날 아기

2007년 2월 15일, 미국의 예일 대학Yale University 캠퍼스에 이름만 들으면 알 만한 경제학계의 대가들이 모였습니다. 2006년 10월 출간 직후 세계적인 논란을 불러일으킨 『기후변화 경제학에 관한 스턴 연구보고서Stern Review Report on the Economics of Climate Change』를 주제로 토론회가 열린 것이죠.

200명 이상의 예일 대학 교수와 학생이 계단식 강의실을 꽉 메웠습니다. 경제학 교수 출신으로 세계은행World Bank 부총재를 지낸 보고서의 대표 저자 니컬러스 스턴Nicholas Stern 교수가 연구 결과를 발표했습니다. 당시 영국의 재무장관이자, 후에 총리를 역임한 고든 브라운Gordon Brown의 의뢰로 이루어진 연구였죠. 700쪽에 달하는 스턴 보고서는 경제학계는 물론 과학계와 정치권, 국제사회에 적잖은 충격을 안기며 기후변화 논쟁에 불을 붙였습니다. 주요 내용을 요약하면 다음과 같습니다.

“현재 진행되고 있는 기후변화는 21세기 후반에 이르러 과거 세계대전이나 대공황과 같은 지구적 재앙을 가져올 위험이 있다. 지금 당장 이를 막기 위한 노력을 하지 않는다면 돌이키지 못할 최악의 상황으로 치달을 수도 있다. 기후변화가 인류와 생태계에 미치는 피해는 경제성장 자체에 악영향을 미칠 수 있다.

대안은 있다. 지금부터 2050년까지 매년 전 세계가 생산하는 국내총생산GDP의 평균 1%를 온실가스를 줄이는 데 사용하는 것이다. 이렇게 하면 향후 지구 전체의 온실가스 농도를 일정 수준에서 안정화시킬 수 있다. 국내총생산 1%는 비용이 아니라, 미래 인류의 생존과 지속적인 성장을 위한 가치 있는 투자다. 이로 인해 창출되는 경제적 편익은 비용을 훨씬 상회하는데, 전자에서 후자를 차감한 순편익을 현시점에서 계산하면 2조 5000억 달러에 달한다. 경쟁력이 약화되는 재화나 산업이 있을 수 있으나, 지속적인 기술혁신을 통해 경제구조를 전환하고 새로운 부가가치를 창출할 수 있는 놀라운 기회가 국가와 기업에 제공될 것이다.

구체적인 방법은 세 가지다. 지구온난화의 가장 큰 주범인 탄소에 적정한 가격을 매길 것, 에너지 효율성을 높이고 재생에너지를 촉진하는 기술 투자에 매진할 것, 소비자와 기업이 적극적으로 온실가스를 줄이기 위한 행동을 할 수 있도록 각종 제도와 정책을 개선할 것. 무엇보다 기술이전과 재정 지원 같은 선진국과 개도국 간의 국제적인 협력 체계가 필수적으로 요구된다. 전 세계가 힘을 합쳐 기후변화 완화와 적응, 혁신을 위해 노력한다면 지구온난화로 인한 최악의 시나리오를 막을 시간은 아직 남아 있다."

오후 시간은 스턴 교수의 연구 결과에 대한 토론으로 뜨거웠습니다. 엿새 후 《뉴욕타임스》는 이날 토론회를 "지구온난화 비용을 둘러싼 싸움A Battle over the Costs of Global Warming"이라는 제목으로 기사화했습니다. 경제학자들의 열띤 논쟁으로 분위기가 험악해졌다고 전했지요. 가장 먼저 공개 비판에 나선 사람은 예일 대학 경제학과의 윌리엄 노드하우스William Nordhaus 교수였습니다. 그는 노벨 경제학상 수상자 폴 새뮤얼슨Paul Samuelson과 경제학 입문서로서 글로벌 베스트셀러 자리를 지킨 『경제학Economics』을 함께 쓴 저자이자, 지구온난화 문제를 주류 경제학의 영역으로 갖고 들어온 1세대 학자입니다. 노드하우스 교수는 노벨 경제학상의 단골 후보로 오르내리다, 2018년 '기후변화 경제학'을 창시한 공로를 인정받아 최고 권위를 지닌 이 상을 수상했죠.

그런 그가 스턴 박사의 주장에 대해 강한 비판을 쏟아냈습니다. 노드하우스 교수는 지구적 차원의 기후변화 현상을 인정하면서도, 온실가스 배출 증가와 지구 온도 상승이 스턴 보고서의 지적처럼 급속히 일어날 것인가에는 의문점을 제기했습니다. 또한 지구온난화로 인한 사회경제적 피해를 너무 과장했다고 주장했죠.

흥미로운 점은 노드하우스 교수 자신이 예측했던 탄소의 사회적 피해 비용Social Cost of Carbon, SCC 수치를 나중에 스스로 바꾸었다는 사실입니다. 그가 발표한 1992년 논문에서는 2015년 이산화탄소CO_2 1톤의 사회적 피해 비용을 4.54달러로 예상했지만, 정작 2015년에 자신의 모형을 수정하여 다시 추정했을 때는 그 결과가 31달러로 나왔던 것이죠. 탄소 배출로 인한 피해 비용이 2010년 불변가격 기준으로 자그마치 일곱 배 늘어났습니다. 노벨상을 수상한 대가인 노드하우스 교수조차도 처음에는 기후변화로 인한 사회적 피해를 다분히 과소 추정했음을 알 수 있습니다.

이 토론회에는 하버드 대학Harvard University의 마틴 와이츠먼

Martin Weitzman 교수도 참석했습니다. 그는 천재성이 번뜩이는 학자로 유명합니다. 동료 교수에게 "노벨상을 받을 만한 연구 주제가 아니라면 연구해서는 안 된다"라는 말을 할 정도로 학자로서의 자존심이 강했죠. 2019년 자신의 학문적 탁월성에 한계를 느낀 나머지 스스로 생을 마감한 비극의 주인공이기도 합니다. 그가 MIT 대학 교수로 재직하던 31세에 쓴 논문 「가격 대 수량」[3]은 모든 환경경제학도의 필독 논문입니다. 환경오염 피해 비용이나 저감 비용에 불확실성이 존재할 경우, 정부가 어떤 정책을 사용하는 것이 사회적으로 바람직한가를 수학적 이론 모형을 통해 밝혔죠. 이 논문은 출간된 지 50년이 다 돼가지만, 탄소 감축을 위한 대표 정책인 탄소세와 배출권거래제 중 무엇을 사용하는 것이 좋은가라는 질문에 지금까지도 중요한 시사점을 제공하고 있습니다.

예일 대학 토론회에서 와이츠먼 교수는 스턴 보고서가 사용한 분석 방법과 수치에는 오류가 있다고 비판했습니다. 하지만 보고서가 기후변화의 심각성과 정부의 적극적인 대응을 부각한 점은 긍정적으로 평가할 만하다고 말했죠. 그는 자신이 발표한 일련의 논문들을 통해 통계학에서 정규분포 끝부분이 두터워지는 이른바 '살찐 꼬리Fat Tail'를 언급하면서, 기후변화로 인해 예측하기 힘든 재앙이 발생할 가능성이 높아질 수 있음을 경고하기도 했습니다.

예일 대학 토론회는 끝났지만 스턴 보고서를 둘러싼 논쟁은 계속됐습니다. 이번에는 스턴 박사의 연구 결과를 지지하는 목소리가 터져 나왔죠. 로버트 솔로Robert Solow, 제임스 멀리스James Mirrlees, 아마르티아 센Amartya Sen, 조지프 스티글리츠Joseph Stiglitz 교수는 스턴 보고서의 이론적, 정책적 타당성을 적극 옹호했습니다. 이들은 모두 노벨 경제학상을 수상한 당대의 대가들입니다. 스티글리츠 교수는 다음과 같이 말했습니다.

> "스턴 보고서를 통해 확실해진 사실은 현재 시점에서 기후변화에 대처하는 행동을 할 것인가 여부를 고민하는 것이 아니라, 그러한 행동을 당장 실천하지 않을 여유가 있겠는가를 진지하게 물어야 한다는 점이다."[4]

우리는 미래 세대를 얼마나 차별할까?

기상학이나 지질학, 생태학 같은 과학계의 전유물로 여겨진 기후변화 문제에 경제학계는 왜 진영을 나누어 이처럼 심각한 논쟁을 벌였을까요. 바로 '사회적 할인율Social Discount Rate'이라는 개념 때문입니다. 사회적 할인율은 미래에 발생할 소비나 소득을 현재의 관점에서 얼마의 가치로 환산할 것인가를 나타내는 수치입니다. 수치가 낮을수록 미래 세대의 편익을 현재 시점에서 높게 평가한다는 것이고, 반대로 수치가 높을수록 미래 세대의 소비나 소득을 낮게 인식한다고 해석할 수 있겠죠. 예를 들어 사회적 할인율이 연 5%라고 해보죠. 이때 1년 후의 실질 소득 100만 원을 지금 시점에서 계산하면 1,000,000 ÷ 1.05 = 952,381원이 됩니다. 그만큼 값어치가 떨어지는 것이죠.

경제학자로서 할인율의 존재를 확인하고 싶었던 저는 급기야 제 아이들을 상대로 간단한 실험을 해보기에 이릅니다. 실험 도구는 맛있어 보이는 과자 하나면 충분했죠. 저는 아이들 눈앞에서 과자를 흔들며 말했습니다. "아빠가 지금 과자 한 개 줄까, 아니면 한 시간 후에 두 개 줄까?" 한 시간 만에 수익률이 100%에 이르는 매력적인 제안이죠. 그럼에도 저의 두 딸은 주저 없이 당장 과자를 달라고 졸랐습니다. 아이들은 엄청나게 높은 할인율을 지니고 있었던 것이죠. 아이가 어릴수록 이런 반응에 예외는 없었습니다. 하지만 나이가 들면서 아이들의 태도가 조금씩 달라졌습니다. 둘 사이에서 어느 쪽을 선택할 것인지 무척 고민하는 모습을 관찰할 수 있었죠. 어떤 때는 한 시간을 기다리는 어려운 결정을 내리기도 했고요. 참을성이 생기면서 할인율이 낮아졌다고 해석할 수 있을 것입니다.

개인이 지닌 할인율은 문화, 교육, 소득, 연령에 따라 다르게 나타납니다. 막 초등학교에 입학한 어린아이의 할인율과, 고등교육을 받은 45세 장년이 지닌 할인율이 같을 수는 없겠죠. 문제는 공동체의 할인율입니다. 특히 기후변화처럼 장기간에 걸쳐 모든 구성원에게 큰 영향을 끼치는 문제에는 사회적 관점의 할인율이 중요합니다. 사회적 할인율은 현재 세대가 미래 세대의 삶과 행복을 평가하는 잣대가 됩니다.

사회적 할인율을 구성하는 요소 중 '순수시간선호율Pure Rate of Time Preference' 혹은 '내재적 할인율Inherent Discount Rate'이라는 개념이 있습니다. 현재와 미래 사이에서 사람들이 갖는 근본적인 우선순위의 정도를 결정하는 수치입니다. 일반적으로 사람들은 현재 자신의 손에 있는 100만 원이 1년 후의 100만 원보다 더 가치 있다고 여기는 경향이 강합니다. 물가가 올라 화폐가치가 떨어진다거나, 은행에 예금하여 이자 수익을 챙길 가능성은 모두 배제하더라도 말이죠. 다시 말해 인플레이션도, 경제성장도 없는 극단적인 상황을 상정하는 셈입니다. 이처럼 '순수한' 조건에서도 사람들은 당장 자신에게 주어진 100만 원을 더 좋아할 가능성이 높습니다. 왜 그럴까요? 1년이라는 불확실한 미래를 참아내기에는 사람의 마음이 본질적으로 조급하다는Impatient 데서 이유를 찾을 수 있습니다. 만약 1년 후 내가 불치병을 앓고 있거나 아예 세상에 존재하지 않는다면 현금 100만 원은 나에게 무용지물일 테니까요. 어린아이에게 나타나는 참을 수 없는 조급증이 좋은 예가 될 겁니다.

스턴 보고서를 둘러싼 논쟁은 연구 과정에서 사용한 사회적 할인율 수치에 집중됐습니다. 노드하우스 교수는 기존의 실증 분석 결과를 근거로 순수시간선호율을 1.5%로 잡아야 한다고 주장했습니다. 데이터를 분석해 보니 사람들은 매년 1.5% 정도씩 미래 가치를 낮춘다는 거죠. 그는 순수시간선호율을 포함한 전체 사회적 할인율로는 경제성장률과 시장 금리를 반영해 4.1%가 적절하다고 말했습니다. 한편 와이츠먼 교수는 기후변화 대응과 같은 초장기 정책을 다룰 때 사용해야 할 할인율로 최초 75년까지는 4%를, 그 이후에는 1%를 제안했습니다. 기간에 따라 서로 다른 할인율을 적용하는 방식입니다.

하지만 사회적 할인율에 대한 스턴 교수의 생각은 달랐습니다. 그는 순수시간선호율을 0보다 큰 값으로 책정하는 것 자체가 윤리적으로 정당하지 않다고 보았습니다. 앞선 세대보다 단지 늦게 태어났다는 이유만으로 미래 세대를 차별해서는 안 된다고 생각한 것이죠. 기후변화와 같이 장기간에 걸쳐 피해가 가중되는 문제는 불가피하게 세대 간 이해가 상충될 수 있습니다. 사회적 할인율을 높게 잡는다면 기후변화 피해로 인한 미래 세대의 희생 위에 현재 세대의 소비와 소득을 정당화할 수 있을 겁니다. 지금 사용하는 화석연료 때문에 뜨거워지는 지구의 고통은 미래의 몫이고, 우리 후손이 겪을 피해의 현재가치는 보잘것없는 수준에 불과하게 되니까요. 스턴 교수는 윤리적 관점에서 이러한 상황을 용납할 수 없었습니다. 스턴 보고서에서 사용한 순수시간선호율은 0.1%였고, 이를 포함한 사회적 할인율은 1.4%였습니다.

순수시간선호율 1.5%와 0.1%의 차이는 과연 어떤 결과를 초래할까요? 1.5%라면 100만 원이 50만 원 가치로 50% 하락하는 데 약 47년이 걸립니다. 다시 말해 47년 후의 100만 원은 지금 시점에서 보면 50만 원의 가치밖에 안 된다는 것이죠. 하지만 0.1%는 어떨까요? 매년 0.1%씩 할인하여 가치가 50% 떨어지는 데 걸리는 기간은 자그마치 700년! 47년과 700년으로 엄

앞선 세대보다

단지 늦게 태어났다는 이유만으로

미래 세대를 차별해서는

안 된다고 생각합니다.

청난 간극이 생기게 됩니다. 이 결과를 전체 사회적 할인율에 적용해 노드하우스 교수가 사용한 4.1%와 스턴 교수의 1.4%를 대입해 보면 미래 가치가 절반으로 하락하는 데 걸리는 시간은 각각 약 17년과 50년으로 나옵니다.

이것이 의미하는 바는 무엇일까요? 사회적 할인율로 어떤 값을 사용하느냐에 따라 현재 세대가 기후변화에 대응하기 위해 얼마나 노력을 기울이고 자원을 투입할 것인가가 결정된다는 것입니다. 높은 사회적 할인율은 현재 시점에서의 적극적인 기후변화 대응을 허락하지 않습니다. 미래 세대의 생존과 행복에 높은 값을 매기지 않기 때문이죠. 반대로 낮은 사회적 할인율은 미래 가치를 현재 못지않게 소중하게 여깁니다. 현재 세대가 허리띠를 졸라매는 한이 있더라도 탄소 배출을 줄이고 에너지를 적게 사용해야 함을 시사하죠. 그것이 '합리적인' 선택이기 때문입니다. 스턴 박사는 1.4%라는 낮은 사회적 할인율을 사용하여 기후정책에 따른 지구 전체의 비용과 편익을 추산했습니다. 그 결과 적극적인 기후변화 대응이 사회적으로 훨씬 이득이 된다는 결론을 이끌어냈습니다.

사회적 할인율은 세대 간 형평성이라는 윤리 문제와 직결됩니다. 만약 3%의 순수시간선호율을 적용한다면 2000년에 태어난 사람은 2024년에 태어날 아이보다 약 두 배 높은 가치로 평가되며, 이 아이는 2048년에 태어날 아기보다 역시 두 배 높은 가치를 지닌다는 계산이 나옵니다. 2000년생은 2048년생보다 네 배 높은 가치를 지니게 되고요. 상식적으로나 도덕적으로나 쉽게 받아들이기 힘든 명제입니다. 사람이 언제 태어났는가에 따라 가치가 다르게 매겨지니까요. 그러나 우리가 미래를 0 이상의 값으로 할인하는 한, 이러한 결론에 암묵적으로 동의하는 셈이 됩니다. 기후변화처럼 세대 간 이해 상충이 첨예한 사안에서는 더욱 그러하다는 것이죠.

기후문제에 대한 청소년들의 목소리가 날로 커지고 있는 것은 우연이 아닙니다. 그들은 이렇게 외칩니다. 왜 어른들의 일방적인 의사결정 때문에 우리가 미래를 도둑맞아야 하나요? 스웨덴에서 태어난 청소년 기후운동가 그레타 툰베리Greta Thunberg의 메시지는 간명합니다. 세대 간 기후 불평등은 용납할 수 없다는 것입니다. 늦게 태어났다는 이유만으로 기후변화로 인한 피해와 고통을 더 많이 겪어야 하는 것은 공정하지 않다는 말이죠.

우리나라 청소년들도 '청소년기후행동'과 같은 단체를 만들어 세상을 바꾸는 운동에 나서고 있습니다. 2022년 6월에는 우리나라에서 세계 최초의 '아기 기후소송'이 시작되기도 했지요. 정부의 소극적인 기후위기 대응에 경종을 울리고, 다음 세대의 생존권을 지킬 목적으로 어린이들과 엄마들이 청구인으로 나선 것입니다. 역시 핵심은 사회적 할인율에 있습니다. 더 이상 높은 할인율로 미래 세대를 차별하지 말라는 것입니다.

할인율 논쟁이 중요한 이유는 이것이 기후변화 경제학을 풀어가는 데 결정적인 역할을 수행하기 때문입니다. 사회적 할인율을 높게 잡는다면 기후변화로 인해 미래에 발생할 피해를 막기 위해 지금 막대한 비용을 지출하는 행위는 바람직하지 않습니다. 편익은 먼 미래의 것이지만 비용은 당장 지불하기 때문에, 현재 시점에서 계산하면 편익에서 비용을 차감한 순편익이 0보다 낮게 나올 가능성이 높죠. 기후 대응보다는 교육이나 기술, 사회간접자본과 같이 인적, 물적 자본축적이 확실한 분야에 투자하는 것이 오히려 미래 세대를 위해 더 바람직할 수 있다는 주장이 가능한 겁니다.

반면 낮은 사회적 할인율은 정반대 결론에 이르게 합니다. 현재 세대가 치러야 할 비용 못지않게 미래 세대의 생존과 발전도 중요한 만큼, 기후변화를 막기 위한 적극적인 정책 노력은 당위적이면서 합리적이라는 거죠. 탄소 배출에 높은 세금을 매기거나, 화석연료를 사용하는 공정이나 시설은 아예 폐기하는 정책이 정당성을 얻을 수 있습니다. 당장에는 투자 효율성이 떨어지고 기업과 경제에 금전적 부담이 될 수 있지만, 미래 세대를 위해서는 바람직한 방향인 것이죠. 스턴 교수는 한 걸음 더 나아가 기후변화를 막기 위한 현재 세대의 경제적 부담이 일반적인 우려만큼 크지 않을 것이라고 강조합니다. 오히려 탄소 감축을 위한 적극적인 정책은 기술혁신과 산업발전, 일자리 창출 기회를 제공할 것이라고 주장합니다.

대한민국의 사회적 할인율은?

그렇다면 우리나라 사람들의 사회적 할인율은 얼마나 될까요? 이 질문은 흥미롭고 중요합니다. 우리 사회가 기후변화처럼 미래 세대의 삶에 커다란 영향을 주는 문제를 바라보는 시각과 직결돼 있기에 그렇습니다. 사회적 할인율의 중요성은 정부 사업이나 정책에 대한 타당성 평가를 할 때 여지없이 드러나죠. 할인율이 높으면 미래에 발생하는 편익이 현재 시점에서는 낮게 평가되기 때문에 사업 통과가 힘듭니다. 반면 할인율이 낮으면 상대적으로 사업 타당성을 확보할 가능성이 높지요. 사회적 할인율을 얼마로 책정할 것인가, 사업 효력이 발생하는 기간과 무관하게 매년 할인율을 동일하게 설정할 것인가, 사업 성격이나 특성에 관계없이 같은 할인율을 적용할 것인가, 이 모두가 사업 채택 여부에 큰 영향을 미칩니다.

1999년부터 우리나라는 총사업비가 500억 원 이상이고 국가재정이 300억 원 이상 들어가는 사업에 대해 경제적 타당성 평가를 법제화했습니다. 이때 사용하는 사회적 할인율은 시중 실질금리와 경제성장률 등을 종합적으로 활용하여 추정합니다. 처음에는 사회적 할인율을 7.5%로 잡았습니다. 2004년부터 2007년까지는 6.5%를, 2008년부터 2016년까지는 5.5%를 적용했고요. 2017년 이후부터는 4.5%를 적용하고 있습니다. 20년에 걸친 경제성장률 변화가 점진적인 사회적 할인율 하락을 견인하고 있다고 할 수 있습니다. 다만 댐 같은 수자원사업은 건설 기간이 길고 편익도 오랜 기간 발생하기 때문에 초기 30년까지는 사회적 할인율 4.5%를 적용하고, 31년부터 50년까지는 그보다 낮은 3.5%를 적용하죠.

우리나라의 경우 사회적 할인율을 4.5%로 잡았을 때 순수시간선호율은 1~1.5%로 추정됐습니다. 노드하우스 교수가 제시한 1.5%와 별 차이가 없죠. 우리나라 사람들의 시간 조급증이 특별히 심하다고 할 수는 없는 셈입니다. 하지만 기후변화와 같이 장기간에 걸쳐 커다란 변화를 야기하는 문제에 대한 한국인의 미래 인식은 다르지 않나 하는 생각이 듭니다.

한 설문조사[5] 결과를 살펴볼까요. 우리 국민에게 기후변화 이슈는 1년 이내에 해결해야 할 단기 과제 우선순위에서 꼴찌를 면하지 못하고 있습니다. 경제성장, 실업, 저출산 고령화, 빈부격차, 남북관계, 이념 갈등에 이어 7위에 해당합니다. 10년 이내 과제에서는 3위로 올라서고, 30년 후 과제에서는 2위를 차지하게 됩니다. 반면 우선순위에서 경제성장은 각각 1위, 1위, 3위를 차지하고 있습니다. 이 결과를 어떻게 이해해야 할까요? 먼저 기후변화를 먼 미래에 닥칠 문제로 인식한다는 해석이 가능합니다. 우리 국민은 성장과 실업 문제를 발등에 떨어진 불로 생각하고, 여기에 정책과 재원을 집중하라고 정부에 요구한다는 것이죠.

또 하나의 해석은 우리 국민은 다른 이슈들에 비해 기후변화 문제에 유독 높은 사회적 할인율을 적용한다는 관점입니다. 시간이 지남에 따라 기후변화의 등수가 가장 큰 폭으로 변하기 때문입니다. 기후변화를 미래에 닥칠 매우 심각한 문제로 인식한다고 해도, 사회적 할인율이 높은 이상 다음 세대가 겪을 피해의 현재 가치는 낮을 수밖에 없는 것이죠. 시간이 현재에 가까워질수록 설문 응답자들이 기후변화의 우선순위를 낮게 책정하는 이유입니다.

이 같은 분석이 맞는다면 우리 국민의 기후변화 인식을 다음과 같이 추론할 수 있지 않을까요? '기후변화는 30년 후 미래 세대에게는 중요한 문제일지 모르나, 지금 나에게는 그보다 훨씬 중요한 문제들이 많다. 기후문제를 해결하겠다고 당장 급하게 대응하고 싶지 않다.'

이것이 기후위기를 바라보는 우리 사회의 현주소가 아니기를 간절히 바랍니다. 전 세계가 기후 대응을 위해 빠르게 달려가고 있고, 이미 선진국 대열에 들어선 대한민국에도 좀 더 책임 있는 기후정책을 요구하고 있기 때문입니다. 이러한 변화가 우리나라로서는 적지 않은 도전임이 분명합니다만, 그렇다고 값비싼 비용만 치러야 하는 것은 아닙니다. 탄소를 줄이고 에너지를 효율적으로 사용하는 과정에서 새로운 산업과 매력적인 일자리가 생겨날 테니까요. 이 기회를 놓쳐서는 안 되지 않을까요?

기후문제에 적극 대응하겠다는 사회적 합의에 도달하기 위해서는 미래 세대를 아끼고 존중하는 쪽으로 인식의 전환이 필요합니다. 이것이 사회적 할인율 논쟁이 우리에게 주는 가장 큰 교훈일 테니까요.

3장

생명을 돈으로 환산한다면

'기후변화는 인류에게 어떤 피해를, 얼마만큼 일으킬 것인가?'

학자와 정책결정자 모두에게 매우 중요한 질문이 아닐 수 없습니다. 이때 피해 규모는 화폐가치로 표현하는 것이 효과적입니다. 그래야 기후변화의 파급력을 알기 쉽고 일목요연하게 설명할 수 있기 때문이죠. 지구의 온실가스 농도가 5ppm 증가했다는 말보다, 경제 피해가 5조 원 늘었다는 표현이 훨씬 피부에 와닿고 설득력이 있습니다. 천문학적 피해 금액이 예상된다면 이를 예방하기 위해 투자하고 비용을 지불하는 것을 정당화할 수 있을 테니까요.

기후변화로 인한 피해 비용을 추정하기 위해서는 여러 학문 간 협업이 필요합니다. 먼저, 탄소나 메탄 같은 온실가스가 얼마나 발생할 것인지 알아야 합니다. 온실가스 배출량은 인간의 경제활동 규모나 방식과 밀접한 관계가 있습니다. 따라서 국내총생산, 인구, 화석연료 사용량, 산업구조, 농축산업 생산량 등이 온실가스 배출량을 설명하는 데 중요한 변수가 됩니다. 학문으로 치면 화학과 공학, 경제학의 도움을 받는 것이죠.

다음으로 온실가스 증가가 지구 온도나 해수면 상승, 강수량 증가나 가뭄 발생에 어떤 영향을 미칠 것인지 알아야 합니다. 기후변화의 물리적 영향과 피해를 가늠하는 작업입니다. 또한 산림과 바다가 지닌 탄소 흡수 기능에 대해서도 연구가 필요합니다. 지구는 하나의 거대한 탄소순환 구조를 지니고 있기 때문이죠. 이 질문들에 답하려면 전 지구를 대상으로 하는 기후 모델링 연구를 해야 합니다. 기상학과 해양학, 지질학과 산림토양학의 영역입니다. 더불어 기후변화로 인한 산업시설 피해와 해안 도시 침수, 인체 건강 악화와 조기 사망 증가, 노동과 토지 생산성 저하, 나아가 생물다양성 감소 위험 등 다양한 피해 기제를 파악해야 합니다. 특히 기후변화가 인간을 포함한 지구 생명체에 미치는 영향에 관심을 갖지 않을 수 없죠. 의학과 보건학, 생태학의 역할이 중요합니다.

마지막으로 기후변화로 인해 우리가 겪을 총체적 영향을 돈으로 환산하는 일이 남습니다. 환경경제학에서 '가치화Valuation'라고 부르는 영역입니다. 가치화란 환경이 개선될 때 개인과 사회가 얻게 되는 이익이나, 환경이 악화될 때 개인과 사회가

치러야 할 비용을 금전적 가치로 표현하는 작업을 뜻합니다. 폭염 때문에 농산물 생산이 줄어들거나 사회간접자본 건설과 같은 야외 경제활동이 위축될 경우에 피해 비용을 산정하는 것은 비교적 용이하죠. 재화나 서비스의 가격, 노동이나 자산 소득, 금융비용과 같은 자료를 시장에서의 거래 명세를 통해 구할 수 있기 때문입니다.

문제는 기후변화로 인해 인간의 건강이나 생명, 자연생태계가 피해를 받는 경우입니다. 인간 장기 밀매나 코끼리 상아 거래와 같은 부도덕한 불법행위를 제외하고 생명은 시장에서 거래되지 않습니다. 생명은 시장에서 직접 사고팔지 않기에 화폐가치로 환산한 자료 획득이 어렵죠. 이것이 기후변화 피해를 계산하기 위해 이른바 '비시장재Non-Market'에 대한 가치 평가 방법을 사용해야 하는 이유입니다. 비시장재란 말 그대로 시장에서 명시적으로 거래되지 않는 재화나 서비스를 일컫습니다. 인간이 숨 쉬는 데 필요한 공기나 지구 생태계를 유지하는 데 필수적인 바닷물, 국립공원 내 천연기념물이 비시장재의 대표적인 예라고 할 수 있죠.

기후변화 대응을 위한 국제사회의 논의에서 탄소의 사회적 비용Social Cost of Carbon, SCC을 얼마로 산정할 것인가를 두고 의견이 분분합니다. SCC는 이산화탄소 1톤 배출이 현재부터 탄소가 소멸하는 미래까지 초래할 비용을 현재 시점에서 계산한 값입니다. 오늘 우리가 배출하는 탄소가 인간 사회와 생태계에 얼마만큼의 피해를 가져오는가를 가늠하는 핵심 수치라고 할 수 있죠. 이 계산을 제대로 하려면 비시장재를 화폐가치로 환산하는 과정을 지나칠 수 없습니다. 그렇기 때문에 기후위기가 가중될수록 경제학자들의 역할과 전문성이 중요해집니다.

정의로운 계산을 위하여

인간과 생태계의 가치는 얼마나 될까요? 인간 생명을 돈으로 계산하는 것은 비윤리적이고 부적절하다고 생각하는 사람이 적지 않습니다. 인간은 그 자체로서 존엄하기에 화폐가치화는 인권을 격하시키는 일이라고 비판합니다. 무너진 갱도에서 생사가 불분명한 광부를 구출하기 위해 노력하는 장면이나, 골수암에 걸린 아이의 부모가 골수 기증자를 향해 애타게 호소하는 모습을 떠올리면 금세 와닿을 겁니다. 이때 비용은 중요하지 않습니다. 위험에 처한 광부나 고통받는 아이는 무조건 살리고 봐야 합니다. 마땅한 인지상정입니다.

하지만 조금만 더 들여다보면 사람을 돈의 저울에 올려놓는 일이 허다하다는 사실을 알 수 있습니다. 보험회사와 고객 사이에 이루어지는 보험료와 보험금 책정을 예로 들어볼까요. 이 경우 나이와 소득, 성별과 국적에 따라 생명의 가치가 다르게 매겨집니다. 누군가 불의의 교통사고를 당한다면 그 가족은 합의나 소송을 통해 금전적 보상을 받음으로써 심적 고통을 경감합니다. 사람 목숨에 가격표를 붙이는 일이 일상적으로 일어나고 있지만 체감하지 못할 뿐이죠. 결국 어떤 경우에, 어떠한 방법으로 인간 생명의 가치를 돈으로 계산하는 일이 의미 있고 합리적인가가 중요한 과제로 등장합니다.

자연을 돈으로 환산하는 작업은 어떤가요. 자연을 대하는 인간의 태도에는 윤리학적 논쟁이 내재해 있습니다. 이른바 '생태중심주의Ecocentrism'는 인간이 생태계의 일부라는 생각에서 출발합니다. 인간에게 자연을 함부로 이용하고 훼손할 어떠한 생래적(生來的) 권리도 없다고 여기죠. 자연에 대한 '최소 간섭Minimum Interference' 원칙을 고수합니다. 따라서 생태중심주의 관점에서 인간의 전유물인 돈으로 자연을 재단하는 일은 불경스럽고 불의합니다.

반면 '인간중심주의Anthropocentrism' 관점에서는 자연의 화폐가치화가 가능합니다. 인간은 자연을 의도적으로 관리하고 보전할 수 있는 유일한 주체입니다. 천연광물과 같은 재생 불가능한 자연자원은 최대한 아껴 사용하고, 산림이나 수산자원 같은 재생 가능한 자원은 자연의 재생산Regeneration 능력을 넘어서지 않는 범위에서 적정하게 이용하는 것이 필요하죠. 자연에 가격을 매기게 되면 자연의 가치와 중요성을 설명하고 설득하는 작업이 용이해집니다. 경제정책과 환경정책을 효과적으로 연계할 수 있고요.

하지만 인간 지식의 한계와 근시안적 태도 때문에 생태계 가치를 과소평가할 때 문제가 발생합니다. 자연의 가치를 충분히 고려하지 않는 정책이 시행됨으로써 불가역적 생태계 파괴를 초래할 우려가 있죠. 과학자들은 '생태멸절Ecocide'이라는 용어를 통해 인간이 자연에 저지를 수 있는 과오의 심각성을 표현합니다. 기후위기와 관련하여 우리가 간과해서는 안 될 위험 요소입니다.

영국의 경제학자 앤드루 오즈월드Andrew Oswald와 그의 제자인 나타부드 파우드타비Natavudh Powdthavee는 「죽음, 행복, 그리고 손상 보상 계산」이라는 흥미로운 제목의 논문을 시카고 대학

University of Chicago 로스쿨에서 발간하는 학술지에 게재했습니다.[6] 저자들은 가까운 인물의 죽음에 대해 느끼는 사람들의 정신적 고통을 화폐가치로 환산하고자 했습니다. 한마디로 삶과 죽음의 경제적 가치에 관한 실증연구라고 할 수 있죠. 두 연구자는 1만 명의 영국인을 대상으로 '패널Panel' 연구 기법을 사용했습니다. 동일한 사람들을 여러 해에 걸쳐 추적 조사하여 자료를 확보하는 방식입니다. 이들은 조사 대상자의 가족이나 지인이 사망했을 때 그로 인한 정신적 고통을 상쇄하기 위해 얼마만큼의 금전적 보상이 필요한지 통계모형을 통한 정량 분석을 시도했습니다. 가족의 생명을 돈과 연관 지어 설명하기에 연구 설계 자체가 사람들의 마음을 불편하게 할 소지가 적지 않았죠.

분석 결과를 살펴볼까요. 자신의 배우자가 사망할 경우, 사망 이전의 정신적인 행복 수준으로 회복하기 위해서는 평균 22만 달러가 필요한 것으로 나타났습니다. 자식과 부모가 사망하는 경우라면 각각 11만 8000달러와 2만 8000달러가 필요했고요. 친한 친구는 1만 6000달러를 필요로 한 반면, 형제나 자매는 2000달러에 불과한 것으로 조사됐습니다. 서양 문화의 특징이 반영됐을 수 있으나, 친구의 생명을 형제나 자매의 생명보다 여덟 배나 소중하다고 여긴다는 점이 특이하게 다가옵니다. 가족과 친구를 포함하여 특별한 관계인 사람들에게 부여하는 생명 가치가 적나라하게 드러나는 연구 결과인 셈이죠.

경제학자들은 왜 이런 도발적인 연구를 감행하는 것일까요? 자신과 피를 나눈 사람의 죽음에 돈으로 환산할 수 없는 슬픔을 느끼는 건 너무나 당연합니다. 경제학자도 예외가 아니죠. 생명은 본래 돈으로 따질 수 있는 게 아니라는 세간의 비판도 모르지 않았을 겁니다. 오즈월드 교수의 설명을 한번 볼까요.

> "사망 피해자에 대한 법원의 배상 금액 판결은 자의적으로 이루어지는 경향이 많다. 우리 연구는 불의의 사고를 당한 피해자에게 지불되는 배상 금액을 좀 더 합리적이고 공정하게 유도하는 기초 자료를 제공할 수 있다. 앞으로도 이러한 연구는 계속 이뤄져야 한다."

오즈월드 교수의 문제의식은 분명했습니다. 인간 생명을 화폐가치로 환산하는 일이 불가피하다면, 제대로 된 연구 방법을 이용하자는 것입니다. 예기치 못한 사고로 사망한 사람에 대한 법원의 배상판결 방식을 볼까요. 통상적으로 사망자의 잃어버린 시간가치, 즉 사망 시점부터 은퇴할 때까지 벌어들일 것으로 예상되는 '기대소득 상실액Expected Forgone Earnings'을 기준으로 배상액을 정합니다. 이러한 방식을 경제학에서는 '인적자본접근법'이라고 하죠.

기대소득 상실액 방식에 따르면 동일한 사고라고 해도 대기업 CEO와 비정규직 노동자의 배상액에는 차이가 날 수밖에 없습니다. 전자와 후자의 소득이 크게 다르기 때문이죠. 같은 논리로 남성 직장인과 여성 가정주부에게 주어지는 배상액이 다를 것입니다. 후자는 외형상 소득이 없기 때문이죠. 과연 이것이 합리적이고 공정한 판단일까요? 사망자의 인권이 제대로 반영된 판결이라고 할 수 있을까요?

기후변화로 인한 금전적 피해 추정도 마찬가지입니다. 자칫하면 잘사는 나라 국민의 건강과 생명 피해는 크게 부각되고, 못사는 나라 국민의 고통은 작게 치부될 수 있습니다. 저는 이런 접근은 정의롭지 않다고 생각합니다.

정부 정책의 경제적 타당성을 평가할 때 인간의 건강과 생명이 중요한 항목으로 등장합니다. 의료정책이나 보건정책이 대표적이죠. 기후변화는 지구 차원의 거대 이슈로서 통합적이고 장기적인 정책을 요구합니다. 폭염과 홍수, 가뭄은 인간의 생존을 위협하기에 기후변화에 따른 피해 비용을 산정하기 위해서는 인간 생명의 가치를 포함하는 것이 마땅합니다. 비시장재 가치평가라는 환경경제학의 연구 영역이 필요한 이유입니다.

인간 생명을 평가하기 위해 핵심적으로 사용하는 개념이 '통계적 생명 가치Value of Statistical Life, VSL'입니다. 예를 들어보겠습니다. 어느 출퇴근 도로 위에서 교통사고로 인한 조기 사망 확률이 연간 0.00001(10만 명당 1명)이고, 이 도로를 사용하는 지역 주민이 100만 명이라고 한다면, 출퇴근 교통사고로 인해 연간 10명이 사망한다는 계산이 나옵니다.

그리고 보호 난간과 같은 사고 방지용 안전시설을 설치하기 위해 지역민이 지불할 의사가 있는 금액을 1인당 연간 1만 원이라고 해봅시다. 그렇다면 사고 방지 안전시설 설치를 위해 이 지역 주민이 지불할 수 있는 금액은 모두 100억 원(100만 명 × 1만 원)입니다. 이 100억 원을 연간 교통사고 사망자 수로 나누면 1인당 10억 원이죠. 이것이 주민 한 사람의 생명을 구하기 위해 이 지역 사람들이 지불할 의사가 있는 금액, 즉 통계적 생명 가치입니다. 미국 연방 환경보호청EPA은 환경정책의 타당성을 분석하기 위한 목적으로 통계적 생명 가치 추정치를 주기적으로 공개하고 있습니다. 미국인 1인의 평균 생명 가치는

경제학이 수행하는 생명 가치 연구는
생명과 인권 존중 원칙에
배치되지 않습니다.

오히려
제대로 수행한 연구 결과는
개인과 집단의 사회경제적 배경이나
영향력과 무관하게
정의롭고 합리적인 정부 정책을
뒷받침할 수 있죠.

2006년 불변가격 기준 740만 달러로 책정돼 있습니다. 2022년 12월 현재 환율 약 1300원을 적용하면 원화 가치로 96억 원에 달합니다.

통계적 생명 가치에서 도출된 수치를 어디에 이용할 수 있을까요? 먹는 물을 예로 들어보겠습니다. 미국은 선진국이라는 통념과 달리 먹는 물 오염 문제가 심각한 나라입니다. 공기오염이나 쓰레기 문제를 포함한 모든 환경문제 중에서 미국인이 가장 우려하는 것은 수질오염이라는 조사 결과도 있죠. 최근 미국 환경보호청 조사에 따르면 미국인의 20%에 달하는 6300만 명이 지난 10년간 1회 이상 오염된 음수에 노출돼 있었다는 충격적인 결과가 나오기도 했습니다. 이에 대응하여 정부가 먹는 물 오염 상태 개선 조치를 시행한다고 해볼까요. 이때 통계적 생명 가치를 이용하면 수돗물 품질 강화 정책의 경제적 타당성을 검증할 수 있습니다.

2000년대 초반 미국에서는 전국적으로 음수의 비소 농도를 낮추는 정책을 추진했습니다. 수돗물에 들어 있는 비소는 방광암과 폐암을 일으키는 발암 물질입니다. 비소 농도를 낮추려면 많은 비용이 들지만, 동시에 수질이 개선되면 암 발병에 따른 사망 가능성이 낮아지면서 사회경제적 편익이 발생합니다.

이때 생겨나는 편익을 통계적 생명 가치를 이용하여 계산할 수 있습니다. 비용과 편익의 두 수치를 비교함으로써 적정 수준의 비소 저감 정책을 수립할 수 있는 것이죠.

미국 환경보호청은 사회적 할인율을 3%로 책정한 후 그에 따른 비용과 편익의 현재가치를 계산했습니다.[7] 비소의 최대오염농도Maximum Contaminant Level, MCL를 리터당 10μg(마이크로그램)으로 낮출 때 비용은 총 1억 8040만 달러가 들어갈 것으로 추산한 반면, 편익은 최소 1억 3960만 달러에서 최대 1억 9840만 달러가 발생하는 것으로 추정했습니다. 편익 규모에 따라 비용보다 크거나 작을 수 있다는 결과가 나온 것이죠. 이때 편익을 비용으로 나눈 값인 편익비용비율Benefit-Cost Ratio, B/C을 사용하여 경제적 타당성을 검증할 수 있습니다. 이 비율이 1보다 크다면 정책 시행에 따른 경제적 타당성이 있는 것이고, 1보다 작다면 타당성이 없는 것이죠. 위의 값들을 넣어 계산해 보면 B/C 값이 최소 0.8에서 최대 1.1로 나옵니다. 1보다 작을 수도 있고, 클 수도 있다는 연구 결과입니다. 이 분석은 비소 농도 기준 강화가 사람들의 조기 사망 가능성을 얼마만큼 낮출 수 있는가에 따라 경제적으로 타당한 정책이 될 수도, 그렇지 않을 수도 있음을 시사합니다.

우리나라 사람의 생명 가치는 어느 정도일까요? 경제학자로서 통계적 생명 가치 연구를 꾸준히 진행해 온 대진대 경제학과 신영철 교수에 따르면, 그동안 국내에서 이루어진 통계적 생명 가치 추정치의 평균은 약 13억 3000만 원이었습니다. 하지만 신 교수의 최근 연구 결과[8]에 따르면, 우리 국민 1인의 통계적 생명 가치는 최소 25억 3000만 원에서 최대 37억 4000만 원에 달하는 것으로 나타났습니다. 미국 환경보호청이 사용하는 수치보다는 낮으나, 과거에 비해서는 크게 높아졌음을 알 수 있죠. 이렇게 볼 때 통계적 생명 가치는 소득이나 환경오염 수준, 위험 인식 등 사회경제적 여건에 따라 상이하게 나타남을 짐작할 수 있습니다.

현재 정부 사업의 경제적 타당성을 공식 검증하는 국책연구기관인 한국개발연구원KDI에서는 상실소득에 기초한 인적자본접근법에 따라 생명 가치를 계산하여 활용하고 있습니다. 응급 사망이 발생할 경우 환자 1인의 손실 비용은 기대소득 상실액과 사망자 가족이 겪을 정신적 고통을 포함하여 평균 2억 2600만 원으로 책정돼 있어요. 사용 목적과 추정 방법이 다르다고 하지만, 통계적 생명 가치 방식으로 구한 수치와 비교할 때 현격한 차이를 보이고 있습니다. 기후, 환경, 복지, 의료, 노동과 같이 국민 건강과 관련한 중요 정책을 검증할 때 인간의 생명 가치는 정부 의사결정 과정에서 매우 중요한 역할을 할 수 있음을 잊어서는 안 될 것입니다.

경제학이 수행하는 생명 가치 연구는 생명과 인권 존중 원칙에 배치되지 않습니다. 오히려 제대로 수행한 연구 결과는 개인과 집단의 사회경제적 배경이나 영향력과 무관하게 정의롭고 합리적인 정부 정책을 뒷받침할 수 있죠. 인간의 생명 가치를 계산함으로써 정부는 더욱 타당한 사회경제 정책을 입안할 수 있고, 법원은 억울한 피해자에 대해 좀 더 공정한 배상 판결을 내릴 수 있을 것입니다. 관건은 이러한 연구가 얼마나 탄탄한 경제이론과 엄밀한 연구 방법, 신뢰성 높은 자료를 통해 이루어졌는지에 달려 있다고 하겠습니다.

지구 생태계의 경제적 가치는?

멍게란 말만 들어도 군침이 도는 사람이 많죠. 상큼하고 쌉쌀한 육질 덕에 횟집에 가면 영락없이 식탁에 오르는 인기 메뉴입니다. 하지만 멍게의 가치는 식용에 그치지 않습니다. 암을 고치는 중요한 화학물질을 제공하기도 하죠.

지중해와 카리브해에 서식하는 이 소중한 멍게의 정식 이름은 엑티나시디아 터비나타Ecteinascidia Turbinata입니다. 스페인의 한 제약회사는 여기서 얻은 단백질이 암의 일종인 연부조직육종 치료에 효과가 있음을 발견했습니다. 이 회사는 추출된 항암물질을 기초로 실험실에서의 합성 과정을 거쳐 욘델리스Yondelis라는 상표명의 항암제를 내놓았죠. 마침내 한 다국적 제약회사와의 합작을 통해 2015년 까다롭기로 소문난 미국 식품의약국FDA의 승인을 획득합니다.

한편 라파초Lapacho는 남미 브라질과 파라과이, 아르헨티나 등지에 서식하는 열대 수종입니다. 계절마다 분홍색과 노란색의 아름다운 꽃을 피우는 나무로, 그 속껍질은 주민들에게 오랫동안 차(茶)의 재료로 쓰여왔다고 합니다. 2000년대 들어 의학계는 라파초 껍질에서 베타 라파촌Beta-Lapachone이라고 불리는 항암물질을 추출하는 데 성공했습니다. 유방암과 폐암, 췌장암의 치료에 효과가 있을 것으로 기대하고 있습니다. 이러한 사례들은 생태계의 생물다양성Biological Diversity이 인간 생명 연장에 기여할 수 있음을 보여줍니다.

동식물과 산림, 해양생태계가 인간에게 주는 혜택은 이루 다

헤아릴 수 없습니다. 인간 생존에 필수적인 먹을거리 제공은 기본이고요. 홍수를 예방하고 토양을 비옥하게 만들어 경제활동을 원활하게 하는 데 필수적인 역할을 수행합니다. 등산과 낚시는 우리 국민의 최대 취미 활동이죠. 산과 물이 없다면 여가 활동과 관광산업이 가능할 리 없습니다. 제가 어릴 적부터 지금껏 가장 즐겨 보는 TV 프로그램은 〈동물의 왕국〉입니다. 먹잇감을 놓고 사자와 하이에나, 아프리카들개가 벌이는 끝없는 생존 싸움이며, 호주 남단 외딴섬에 서식하는 고유종 태즈메이니아 데블의 살벌한 짝짓기 광경과 같은 현장감 넘치는 드라마를 또 어디에서 볼 수 있겠습니까.

기후위기 시대에 과학자들이 확인해 준 사실은 산림과 바다가 탄소의 최대 흡수원이라는 것입니다. 나무가 광합성을 통해 이산화탄소를 저장하는 기능을 '그린카본Green Carbon'이라고 하고, 바다와 갯벌에 사는 미세조류나 어패류가 수행하는 탄소 저장 역할을 '블루 카본Blue Carbon'이라고 부릅니다. 인간은 경제활동을 영위하는 과정에서 이산화탄소를 공기 중에 내뿜고, 자연생태계는 그것을 끊임없이 흡수하는 역할을 수행하고 있는 셈이죠.

열대식물인 라파초의 사례와 같이 오늘날 인류는 인간 생명을 살리기 위한 의약품의 20%를 지구에 서식하는 식물에서 얻습니다. 지금 당장에는 필요 없어 보일지 모르지만, 미래 어느 순간 의학 기술의 발달로 우리 주변의 이름 모를 풀이나 나무로부터 난치병을 치료할 수 있는 핵심 물질을 추출할 수 있습니다. 자연자원에 내재한 가치에 대한 구체적인 정보가 밝혀질 때까지 자연생태계에 개입하지 않고 보전하는 것이 미래에 도움을 주는 합리적인 선택일 수 있다는 가설을 세울 수 있죠. 이러한 문제의식을 이론화한 경제학자가 있습니다.

케네스 애로Kenneth Arrow는 20세기 최고 경제학자 중 한 명으로 추앙받는 학자입니다. 제2차 세계대전 중 4년간 군에 복무하느라 학위 논문 작성이 늦어졌지만, 그는 박사학위를 받기 한참 전, 이미 미국 스탠퍼드 대학Stanford University 교수로 임용될 정도로 천재성을 인정받았습니다. 그는 만 30세에 발표한 박사학위 논문에서 '애로의 불가능성 정리Arrow's Impossibility Theorem'라는 획기적인 경제이론을 탄생시켰으며 1972년, 당시로서는 최연소인 51세에 노벨 경제학상을 수상했습니다.

1974년 애로 교수는 버클리 대학의 앤서니 피셔Anthony Fisher 교수와 함께 「환경보전, 불확실성, 그리고 불가역성」[9]이라는 짧은 이론 논문을 발표했습니다. 논문 내용을 요약하면 이렇습니다. 댐 건설과 같이 토지나 강, 생태계에 영향을 미치는 사업이 있다고 해보죠. 통상적으로 사업 추진 여부를 결정하는 방식은 댐 건설에 따른 경제적 편익과 비용을 각각 계산한 후 이 둘을 비교하는 것입니다. 하지만 대형 개발 사업의 편익과 비용에는 사업 진행에 따른 불확실성이 내재해 있습니다. 만약 어떤 개발 사업이 자연환경에 돌이키기 힘든 악영향을 초래한다면, 이 사업 때문에 미래 어느 시점에 자연으로부터 얻을 수 있는 경제적 혜택을 상실할 수도 있는 것이죠.

애로와 피셔의 논문은 특정 개발 사업에 불확실성과 불가역성이 존재한다면, 개발보다는 보전을 택하는 전략이 경제적으로 타당한 의사결정일 수 있음을 증명하고 있습니다. 현재 시점에서 일정 기간 개발 사업을 늦추되, 그 시간 동안 불확실한 상황에 대한 추가 정보를 획득함으로써 다음 시점에서 좀 더 합리적인 의사결정을 할 수 있는 기초를 닦자는 것이죠. 저자들은 충분한 정보를 확보할 때까지 자연환경을 개발하지 않고 보전함으로써 얻을 수 있는 추가적인 경제 가치를 '준옵션가치 Quasi-Option Value'라고 불렀습니다. 준옵션가치가 크면 클수록 경제적 이익을 위해서도 개발보다는 보전을 선택하는 것이 합리적이라는 뜻입니다. 이들의 논문은 불확실성을 줄이고 대안을 모색하는 접근이 당장 대규모 사업을 시행하는 선택에 비해 결과적으로 더 큰 경제적 가치를 창출할 수 있음을 논증해 보입니다.

환경경제학자들은 생태계 가치를 크게 '사용가치Use Value'와 '비사용가치Non-Use Value'로 나눕니다. 다래나 코코넛과 같은 야생 과일을 소비하고, 스쿠버 다이버가 산호초 넘치는 바닷속을 탐험하며, 주말 낚시를 통해 월척을 낚는 기쁨은 생태계가 인간에게 제공하는 '직접' 사용가치죠. TV를 통해 신비한 동물의 세계를 체험함으로써 지식과 재미와 감동을 얻는 행위는 '간접' 사용가치라고 할 수 있습니다.

반면 비사용가치는 자기 자신이 직접 효용과 만족을 누리지는 않지만, 주위 사람이나 후손들이 자연으로부터 얻게 될 혜택에 부여하는 가치라고 할 수 있습니다. 아프리카 탄자니아의 세렝게티 초원을 거니는 코끼리 가족을 보호할 때 현지 주민과 관광객이 누릴 자부심과 기쁨에 가치를 부여하고 싶은 마음을 '이타적 가치Altruistic Value'라고 부릅니다. 조류학자가 되고 싶은 어린 자녀를 위해 강원도 철원의 두루미 도래지를 보호해야 한다고 생각하는 것은 '상속가치Bequest Value'라고 하죠.

개중에는 인간이 자연으로부터 직간접적인 만족과 행복을 얻는 것과는 관계없이 모든 생물은 그 나름의 특별한 가치와 존재 이유를 지닌다고 믿는 사람들도 있습니다. 이때 부여하는 가치를 '고유가치Intrinsic Value' 혹은 '존재가치Existence Value'라고 합니다. 이처럼 생태계가 인간에게 제공하는 가치는 매우 다양하며, 사람에 따라서는 생물다양성에 매우 높은 가치를 부여하기도 합니다.

지구 생태계 전체를 인간이 사용하는 화폐로 환산하면 얼마나 될까요? 이 거대한 질문에 답하고자 한 학자들이 있습니다. 잘 알려진 생태경제학자인 로버트 코스탄자Robert Costanza를 필두로 생태학, 지리학, 농경학을 비롯한 여러 분야 전문가 10여 명이 이 주제를 파고들었습니다. 연구 결과는 최고 권위의 과학 학술지 《네이처》에 게재되기도 했지요.[10] 이 논문이 세상에 나온 지 25년이 지난 지금, 구글 스칼러Google Scholar 기준 2만 9000회에 가까운 인용 빈도를 자랑합니다. 경제학 전체를 통틀어 이만한 연구생산성을 지닌 논문은 찾기 힘들죠. 그만큼 새롭고 논쟁적인 주제를 다뤘다고 하겠습니다.

저자들은 생태계가 인간에게 제공하는 서비스를 17개 부문으로 분류하여 가치를 구한 후 합산하는 방식을 취했습니다.

생태계 서비스의 대표적인 예로 산소 공급과 탄소 흡수, 홍수 조절과 가뭄 회복, 농수산물 공급, 목재 및 연료 공급, 관광 및 여가 등을 포함했고요. 추정 결과, 1994년 달러 기준으로 지구 전체 생태계가 연간 제공하는 서비스의 총가치는 16~54조 달러에 달하였고, 평균은 33조 달러로 추산되었습니다. 이 중 가장 큰 비중은 20.9조 달러의 가치를 제공하는 해양생태계였습니다. 논문은 당시 글로벌 국민총생산GNP 규모가 18조 달러임을 감안할 때, 지구 생태계가 인간에게 제공하는 혜택이 인간 스스로 만들어낸 경제적 가치의 거의 두 배에 달한다는 결론을 도출하고 있습니다.

이들 연구는 방법론상의 결함과 해석상의 문제 때문에 주류 경제학계로부터 적지 않은 비판을 받았습니다. 그럼에도 이 논문은 우리의 생존 터전인 지구 생태계가 인간에게 제공하는 유무형의 가치가 엄청나다는 사실을 알려주고 있습니다. 유엔환경계획UNEP에 따르면 하루 평균 약 140종의 생물이 지구상에서 사라지고 있습니다. 지금까지 인류가 확인한 140만 종의 생물 중 매일 0.01%가 없어진다는 겁니다. 기후변화가 초래할 생물다양성 감소는 지구 생태계가 인간에게 제공하는 수많은 혜택을 앗아감과 동시에 피해를 키울 수 있습니다. 이것이 코스

탄자 논문이 우리에게 던지는 경종의 메시지입니다.

이 장 서두에서 던진 질문으로 돌아가 볼까요. '기후변화는 인류에게 어떤 피해를, 얼마만큼 일으킬 것인가?' 과학자들은 기후변화가 인간은 물론, 지구 생태계와 생물다양성에 상상 못 할 피해를 가져올 수 있다고 우려합니다. 피해는 인간의 건강 악화와 생명 단축, 생물종의 개체 수 감소와 멸종으로 나타날 것입니다. 경제학은 이러한 피해를 화폐가치로 환산하는 학문적 역할을 수행해 왔습니다. 화폐가치화한 피해 정보는 국제기구의 의사결정과 정부 정책에 중요한 단서를 제공하죠. 피해를 줄이기 위한 노력에는 싫든 좋든 돈이 들어가기 때문입니다.

지난 200여 년간 인류가 쌓아 올린 탄소기반경제가 허물어질 상황에 처한 21세기, 기후피해의 화폐가치화는 사람들의 인식과 행동 변화를 이끌어내는 데 유용한 기제로 활용될 것입니다.

4장

‘오염시킬 권리’를 사고팔 수 있을까?

《월스트리트 저널》. 세계 최대 증권거래소가 있는 미국 뉴욕시 월가(Wall街)에서 이름을 따온 보수 성향의 세계적인 경제일간지입니다. 2019년 1월 17일 자 오피니언 지면에 흥미롭고도 논쟁적인 기사 하나가 게재됐습니다. 제목은 "기후변화 대응을 위해 탄소세를 도입하라".

전문가 한 사람이 쓴 칼럼이 아닙니다. 노벨 경제학상 수상자 스물여덟 명, 세계 경제 대통령으로 불리는 연방준비제도Federal Reserve Board 역대 이사회 의장 네 명, 막강 경제 권력의 전직 재무부장관 두 명, 미국 대통령이 직접 임명하고 상원이 승인하는 경제자문위원회Council of Economic Advisors 전직 의장 열다섯 명 등, 진보와 보수를 막론한 총 3623명의 경제 전문가들이 모두 서명에 참여한 선언문입니다. 선언문 내용과 서명자 명단이 실린 웹사이트에는 다음과 같은 문구가 나옵니다. "미국 역사상 최다 경제학자가 참여한 대국민 선언문."

로버트 솔로, 아마르티아 센, 대니얼 카너먼Daniel Kahneman, 앨런 그린스펀Alan Greenspan, 벤 버냉키Ben Bernanke, 로런스 서머스Lawrence Summers, 그레고리 맨큐Gregory Mankiw. 경제문제와 경제학에 관심 있는 사람이라면 한두 번쯤 들어봤을 친숙한 이름들이죠. 이들은 무슨 얘기를 하고 싶었던 것일까요? 선언문을 요약하면 다음과 같습니다.

- 기후변화 문제를 해결하기 위한 가장 효과적인 정책 방안은 탄소세다.
- 탄소세율은 탄소 감축 목표를 달성할 때까지 지속적으로 인상해야 한다.
- 탄소세 도입과 함께 다른 세금을 깎아줌으로써 세수중립을 달성해야 한다.
- 탄소세와 동시에 다른 비효율적인 탄소 관련 규제는 없앨 필요가 있다.
- 미국의 국가경쟁력 확보를 위해 탄소국경조정시스템을 구축할 필요가 있다.
- 탄소세로 거둔 세수는 모든 국민에게 동일하게 나눠줘야 한다.

간단한 해설을 덧붙여 보죠. 탄소세란 탄소를 배출하는 모든 경제행위에 세금을 매기자는 취지의 조세제도입니다. 따라서 탄소세율을 인상하면 탄소를 배출하는 데 따른 경제적 비용이 증가합니다. 무시할 만큼 낮은 수준의 세율이 아니라면, 경제주체는 탄소 배출량을 줄이는 선택을 함으로써 탄소세에 반응하게 되죠. 기업은 탄소 배출을 줄일 수 있는 기술을 개발, 생산 공정에 투입함으로써 저탄소 제품을 생산하려고 할 겁니다.

한편, 탄소세가 온실가스 감축을 위한 '착한 세금'이라고는 하지만 생산위축과 조세저항을 불러일으킬 수 있습니다. 이러한 부작용을 최소화하고 탄소세에 대한 국민 수용성을 높이는 방법이 있습니다. 탄소세를 부과하되, 다른 세금을 깎아줌으로써 경제주체가 납부하는 세금 총액을 이전과 동일하게 유지하는 겁니다. 이것을 '세수중립적Revenue Neutral' 조세정책이라고 부릅니다. 탄소세에 상응하는 세금감면 대상으로 통상 소득세나 사회보장세를 고려합니다.

세수중립적 탄소세를 도입하면 어떤 사회경제적 효과를 기대할 수 있을까요? 두 가지 장점이 있다고 해서 붙여진 이름인 '이중배당Double Dividend' 가설을 통해 설명이 가능합니다. 첫째, 환경개선 효과가 생깁니다. 탄소세는 탄소 감축은 물론, 화석연료에 포함돼 있는 미세먼지나 질소산화물 같은 대기오염 물질을 동시에 줄이는 효과를 가져오죠. 다시 말해 탄소세는 기후변화에 대응할 뿐만 아니라 동네 공기를 깨끗하게 만드는 데도 기여할 수 있습니다. 둘째, 경제활동의 효율성을 높입니다. 탄소세를 도입하면서 소득세와 같은 직접세를 그만큼 감면해준다면, 개인의 처분가능소득을 높일 수 있으므로 사람들에게 더 열심히 일할 유인을 제공하게 됩니다. 경제 전반의 생산성이 오를 가능성이 있는 것이죠.

탄소세는 탄소 배출을 줄이는 대표적인 스마트 정책입니다. 화석연료를 사용하는 모든 소비와 생산 행위에 비용을 부과함으로써 에너지 사용량을 줄이거나 새로운 기술개발과 같은 긍정적인 변화를 유도하기 때문이죠. 하지만 정부의 모든 에너지나 기후 정책이 스마트한 것은 아닙니다. 오히려 효과가 불확실하거나 더 나쁜 결과를 가져오는 정책들도 있습니다.

예를 들어 재생에너지 인허가 과정을 보면 정부의 여러 규제가 겹겹이 쌓여 있습니다. 태양광 발전소를 설치하려면 도로나 주택으로부터 일정한 거리를 둬야 한다거나, 육상풍력과 해상풍력 단지를 조성하려면 산림이나 해양생태계에 어떤 영향을 미치는지 꼼꼼히 살펴야 한다는 내용입니다. 하지만 과도하고 심지어 불필요한 규제는 재생에너지 설치 공사를 지연시켜 사업의 불확실성을 높이고 각종 비용을 키웁니다. 우리나라에서는 풍력발전 설비 착공에 장장 10년이 걸리는 믿기 힘든 상황도 일어나고 있습니다.

또 다른 사례는 국민 복지를 명분으로 정부가 시행하는 화석연료 보조금 정책입니다. 남미의 베네수엘라처럼 적지 않은 나라들이 자국의 석탄과 석유 사용에 막대한 정부 보조금을 지급해 왔죠. 그만큼 화석연료 값이 싸져서 탄소를 배출하는 연료를 더 많이 소비하게 만듭니다. 결국 기후문제 대응에 역행하는 결과를 초래합니다. 우리나라도 오랫동안 전기나 난방 공급에 필요한 생산 원가를 가격에 제대로 반영하지 않는 왜곡된 에너지 정책을 시행해 왔습니다. 우리 경제 전반에 걸쳐 에너지 효율이 낮은 건 우연이 아닌 것이죠.

《월스트리트 저널》에 게재된 탄소세 선언문에는 탄소국경조정시스템Carbon Border Adjustment System이 포함돼 있다는 사실에 주목할 필요가 있습니다. 이것은 제품을 수입할 때 탄소에 부과하는 국가 간 비용 차이를 상쇄하겠다는 정책입니다. 그 구체적인 형태가 현재 유럽연합EU이 추진하고 있는 탄소국경조정제도입니다. 이에 대해서는 다음 5장에서 자세히 설명하겠습니다.

가령 미국이 탄소세 법안을 통과시켰다고 해보죠. 다른 조건이 동일하다면 탄소세를 부과하는 미국과 부과하지 않는 나라의 제품 가격에 차이가 생기게 됩니다. 그대로 놔두면 미국 산업의 경쟁력이 약화될 수 있습니다. 또한 미국 기업들이 상대적으로 탄소 가격이 싼 다른 나라로 생산기지를 이전할 수도 있고요. 이른바 '탄소누출Carbon Leakage'이라고 부르는 상황이 발생할 수 있습니다. 그러니 탄소국경조정시스템을 도입해 이런 부작용을 막겠다는 것입니다.

선언문의 마지막 문장에서는 탄소세로 거둬들인 세수를 국민 모두에게 공평하게 나눠주겠다고 제안합니다. '탄소배당Carbon Dividend'이라고 부르는 이 세수 활용 방안은 탄소세 부과에 따른 국민 부담을 줄여줄 목적으로 제안한 것으로 보입니다. 동일 금액을 나눠주게 되면 에너지 소비가 많은 고소득층에 비해 에너지 소비가 적은 저소득층에게 상대적으로 더 많은 금전적 혜택이 주어지게 됩니다. 모두에게 동일한 금액을 나눠주는 탄소배당이라는 아이디어를 통해 소득계층 간 형평성을 증진함으로써 탄소세 도입의 정치적 수용성을 높이고자 한 것이죠.

탄소세의 학문적 기원은 어디에서 찾을 수 있을까요? 경제이론으로 보자면 이른바 '피구세Pigouvian Tax'가 원조에 해당합니다. 피구세는 20세기 전반 영국의 대표적인 경제학자인 아서 피구Authur Pigou의 이름에서 따왔습니다. 피구는 전임자인 앨프리드 마셜의 뒤를 이어 1908년부터 1943년까지 장장 35년간 영국 케임브리지 대학의 정치경제학 영구교수직에 오른 대학자입니다. 그는 대표 저서인 『후생경제학Economics of Welfare』(1920)에서 환경오염을 해결하기 위해 정부가 오염을 일으킨 생산자에게 세금을 부과하는 방안을 제안했습니다. 환경오염이 유발하는 환경 피해에 상응하는 세율을 오염 당사자에게 부과함으로써 오염배출량을 적정 수준으로 관리할 수 있다는 겁니다. 오늘날 많은 국가가 피구세 원리를 적용하여 환경오염을 줄이기 위한 정책수단을 만들어가고 있지요.

경제학자들은 환경문제를 해결하기 위해서는 정부 역할이 중요하다고 말합니다. 환경오염은 시장 내에서 자율적인 해결이 어려운 대표적인 사례라고 보기 때문이죠. 환경문제는 생산이나 소비와 같은 경제활동 과정에서 의도치 않게 발생하는 부작용으로 이해할 수 있습니다. 이처럼 경제학에서는 거래 당사자가 아닌 제3자에게 일정한 영향을 미치는 행위를 가리켜 '외부효과'라고 부릅니다. 의도한 행위가 아니기에 피해가 발생해도 법적 책임이나 금전적 배상을 요구할 수 없죠. 환경오염 피해자는 존재하는데, 문제를 일으킨 가해자는 그에 상응하는 책임을 지지 않는 상황이 발생하는 겁니다. "기후변화는 인류가 지금껏 경험한 가장 큰 외부효과다." 당대의 경제학자들이 치열한 논쟁을 벌였던, 2장에서 살펴본 『스턴 보고서』에도 등장하는 문장입니다.

이 모순을 해결하기 위해서는 정부가 나서야 한다는 것이 피구 교수의 주장입니다. 피구세 같은 조세정책을 잘만 활용한다면 오염 주체가 환경오염 비용을 자신의 의사결정 과정에 포함하도록 유도할 수 있다는 거죠. 이러한 관점에 따르면 환경문제는 정부의 시장개입을 정당화할 수 있는 경제 현상입니다. 환경문제와 관련해서는 정부의 시장개입과 규제가 사회적 관점에서 볼 때 오히려 자원 배분상의 효율성을 증대시킬 수 있다는 것입니다.

많은 경제학자가 환경문제를 바라보는 피구 교수의 시각에 원칙적으로 동의합니다. 환경오염을 줄이기 위해서는 오염 당사자의 행위를 교정하기 위한 정부 개입이 불가피할 뿐만 아니라 실제로 바람직하다는 것이죠. 나아가 오염감소 효과를 높이려면 정부의 규제 방식이 스마트해야 한다는 점에도 의견을 같이합니다. 여기서 스마트하다는 것은 오염 주체로 하여금 자신의 이익을 극대화하거나 손해를 최소화할 목적으로 스스로의 경제활동 방식을 '자발적'으로 바꾸도록 유도하는 것을 의미합니다. 이러한 정책 방식을 한데 묶어 '경제적 유인수단Economic Incentives'이라고 부릅니다. 물론 경제적 유인수단 안에서도 정부가 얼마나, 어떻게, 무슨 효과를 기대하고 개입할 것인가에 대해서는 학자들마다 생각이 다를 수 있습니다.

경제적 유인수단은 오염 배출 행위에 대해 정부가 일정한 비용 혹은 가격을 매김으로써 오염 당사자가 자신에게 주어진 경제 여건이나 기술 수준에 따라 최선의 선택을 할 수 있게 하는 정책을 말합니다. 만약 정부가 환경오염을 줄일 목적으로 해당 기업에 특정 생산 공법만을 강제한다면, 이 같은 직접적인 규제는 기업에 선택의 여지를 주지 않는 일방적인 방식이기에 경제적 유인수단에 포함될 수 없죠. 정부가 지닌 공권력을 무기로 잘못된 정책을 집행한다면 정책효과를 기대할 수 없을 뿐만 아니라, 되레 부작용만 양산할 소지가 있습니다. 이른바 '정부

실패Government Failure'가 발생하는 겁니다.

하지만 탄소세에 대해서는 이념과 성향을 떠나 3623명의 유력 경제 전문가들이 찬성표를 던졌습니다. 왜 그랬을까요? 기업으로 하여금 세금을 아끼기 위해 탄소 배출량을 최대한 줄이거나, 아니면 그냥 세금을 내고 탄소를 배출하는 대안 중 자신에게 가장 유리한 방식을 선택할 수 있는 여지를 제공하기 때문이죠. 기업이 택할 수 있는 탄소 감축 방법 역시 다양합니다. 생산량 자체를 줄이거나, 탄소를 인공적으로 흡수하는 기술을 적용할 수 있으며, 환경친화적인 연료로 교체하거나 공정 자체를 완전히 새롭게 바꿀 수도 있겠죠.

기업은 탄소세라는 제약 앞에서 비용 절감과 경쟁력 우위를 위해 어떤 방법이 최선일지 끊임없이 고민하고 혁신할 겁니다. 탄소세를 단순히 비용으로 인식하며 수세적으로 반응하는 기업과, 이러한 규제에 적극 대응하면서 혁신의 길을 찾기 위해 노력하는 기업이 시장에서 각각 어떤 평가를 받을 것인가는 자명하지 않을까요.

배출권거래제, '오염시킬 권리'를 사고파는 혁신

대학원 공부를 하면서 '배출권거래제Emission Trading System'를 처음 접했을 때 느꼈던 당혹감과 쾌감을 잊을 수 없습니다. 학부 때부터 들어왔던 피구세와는 환경문제를 인식하는 기본 철학부터 달랐기 때문이죠. 피구세는 좀 심하게 말하자면 오염 주체를 응징하는 제도입니다. 비용 부담을 통해 오염행위를 벌하기 때문이죠. 이를 전문용어로 '오염자부담원칙Polluter Pays Principle'이라고 부릅니다. 그런데 배출권거래제는 오염 당사자에게 오염행위를 허용하는 법적 권리를 제공하는 데서 출발합니다. 적나라하게 표현하자면 환경을 오염시킬 수 있는 사적 허가권을 제공하는 것입니다. 청년 시절, 환경오염은 악(惡)이라는 세계관에 익숙했던 저에게 배출권거래제는 불편할 수밖에 없는 제도였습니다. 하지만 역발상으로 고안한 새로운 정책에 내심 전율을 느낀 것도 부인할 수 없는 사실이었죠.

교수가 되어 학생들에게 배출권거래제를 가르칠 때마다 이 아이디어를 처음 접했을 때 들었던 복잡한 심경을 떠올리곤 합니다. 학생들의 반응에서 과거 제 모습을 볼 때가 있어 속으로 미소 짓기도 하고요. 강의 시간에 학생들을 대상으로 모의 배출권거래제 시합을 한 적도 있습니다. 팀별로 석탄화력발전소를 운영한다고 가정한 후, 각 팀이 수익을 극대화하기 위해 어떤 전략을 쓸 것인가 결정하게 했죠. 전기를 만들어 팔면 수입이 생기지만, 전기 생산비용이 들어갈 뿐만 아니라 탄소 배출권 구입에 따른 비용도 필요합니다. 교수인 저는 탄소 배출 총량을 규제하는 정부 역할을 수행하고, 각 팀은 자신에게 주어진 비용 조건과 배출권 가격을 비교하여 수익을 최대로 높이기 위한 전략을 짭니다. 이런 식으로 게임을 반복할 수 있도록 실험을 설계했죠. 실적이 좋은 팀에 줄 상금도 내걸었습니다. 학생들은 열정적으로 참여했고, 저는 최고의 학습효과를 거둘 수 있었습니다. 흥미진진한 경험이었죠.

혁신적 환경정책의 으뜸은 뭐니 뭐니 해도 배출권거래제라는 사실에 이의를 제기할 경제학자는 별로 없을 듯싶습니다. 배출권거래제는 정부가 환경오염 행위에 무상 또는 유상으로 배출할 권리를 부여한 후, 이를 오염 주체 간에 서로 거래할 수 있도록 허용하는 제도입니다. 그 대표적인 방식으로 '배출 허용 총량 설정 후 거래Cap-and-Trade'가 있습니다. 이는 다음 두 단계를 거쳐 집행할 수 있습니다.

첫째, 정부가 총배출량 상한선을 정한 후 일정한 방식에 따라 기업에 배출권을 나누어줍니다. 둘째, 기업은 확보한 배출권을 기반으로 필요 시 배출권을 사고파는 의사결정을 합니다. 배출권이라는 상품의 수요와 공급이 만나는 시장이 형성되는 것이죠. 기업은 자신이 가진 배출권이 필요량보다 많을 경우 시장에 내다 팔아 수입을 챙기고, 반대로 부족하면 시장에서 배출권을 추가로 구입합니다. 시장에서는 배출권의 수요와 공급에 따라 자연스럽게 가격이 형성됩니다.

배출권거래제의 백미는 기존에 존재하지 않던 시장의 인위적 창출에 있습니다. 새롭게 만들어진 시장에서 배출권이라는 특수한 상품을 거래하는 것이죠. 만약 정부가 기업들에게 배출권을 할당하고 오직 그 한도 내에서만 오염 물질을 배출하라고 강제한다면, 이는 명령과 통제에 따른 직접 환경규제 방식과 다르지 않습니다. 하지만 일단 배출권 거래를 허용하는 순간, 기업들은 가장 적은 비용으로 오염 물질을 줄일 수 있는 합리적이고 유연한 방안을 강구하게 됩니다.

오염을 줄이는 데 소요되는 비용이 배출권의 시장가격보다 적다면, 기업은 배출권뿐 아니라 오염을 줄일 방법을 더 갖게 됩니다. 기업은 이때 발생하는 여분의 배출권을 시장에 내다 팔아 수익을 챙길 수 있죠. 반대로 오염저감 비용이 배출권 가격보다 더 비싸다면 스스로 오염을 줄이기보다는 시장에서 배출권을 추가로 구입하는 의사결정을 하게 됩니다.

배출권거래제를 이론적으로 정립한 최초의 경제학자는 캐나다 토론토 대학의 존 데일스John Dales 교수입니다. 1968년 출간한 그의 저서 『오염, 재산, 그리고 가격Pollution, Property and Prices』을 통해 배출권거래제가 세상에 알려졌습니다. 이 제도에 대한 경제학계의 첫 반응은 뜨거웠죠. 시장 기능을 활용해 환경정책을 효율적으로 집행할 수 있을 것이라는 기대가 컸습니다. 반면 환경단체와 환경론자들의 반응은 싸늘했습니다. 환경오염이라는 '공공악Public Bad'에 국가가 면죄부를 주는 꼴이라는 비난의 목소리가 터져 나왔습니다. 환경오염은 그 자체로서 기업의 부도덕한 행위이기에 절대 용납할 수 없다는 것이 시민사회의 생각이었죠.

1960년대 미국에서는 유독성 살충제가 생태계에 미친 영향을 고발한 레이첼 카슨Rachel Carson의 『침묵의 봄』이 출간되면서 환경문제에 대한 국민 관심이 고조되었습니다. 배출권거래제는 기업의 오염행위에 일정한 법적 권리를 부여하기 때문에 본질적으로 부도덕하다는 것이 시민사회의 주장이었습니다. 이들로서는 환경문제를 시장가격 기능을 활용해 해결하려는 '세속적인' 발상을 도저히 받아들일 수 없었던 것이죠. 더불어 시민사회 안에서는 정부가 배출권거래제를 시행하더라도 강력하고 선명한 오염저감 목표를 제시하지 못할 것이라는 회의적인 시각이 팽배했습니다.

하지만 시간이 지나면서 배출권거래제에 대한 환경단체의 시각은 점차 바뀌었죠. 오히려 이 제도가 갖는 장점에 주목하기 시작했습니다. 배출총량 목표를 명확하게 설정할 수 있다는 점에서 배출권거래제를 긍정적으로 바라보게 된 것입니다. 배출권거래제는 적은 비용으로 환경 목표를 효과적으로 달성하는 정책수단이라는 논리가 갈수록 설득력을 얻었습니다. 1892년 설립되어 미국에서 가장 크고 오래된 환경단체인 시에라 클럽Sierra Club이나, 합리적인 정책 대안을 제시하는 것으로 명성이 높은 환경방위기금Environmental Defense Fund과 같은 대표성 있는 단체들이 배출권거래제를 긍정적인 시각으로 보기 시작했습니다. 다른 환경단체들도 제도 자체를 부정하기보다는 주로 운영 방식과 지역 간 형평성 결여에 대해 비판의 목소리를 냈습니다.

배출권거래제는 한 경제학자의 도발적인 아이디어에서 출발했지만, 마침내 정부의 공식 정책으로 채택되면서 빛을 보게 되었습니다. 1990년대 미국에서는 지역과 전국 단위에서 배출권거래제를 시행하기 시작했죠. 대기오염 문제가 심각했던 캘리포니아 남부 지역에서 아황산가스와 질소산화물 배출량을 줄이기 위해 'RECLAIMREgional CLean Air Incentives Market'이라고 이름 붙인 지역 기반 배출권거래제를 도입했습니다.

더 중요한 사건이 있습니다. 1990년 미국 의회가 연방 대기청정법 수정안Clean Air Act Amendments을 통과시킨 것이죠. '산성비 프로그램'으로 불린 이 법안에는 미국 전역의 석탄화력발전소에서 나오는 아황산가스 배출량을 2000년까지 당시 수준 대비 50% 감축한다는 목표가 포함돼 있었습니다. 이 법에 근거하여 1995년 아황산가스를 대상으로 배출권을 사고파는 시장을 형성하기에 이르렀고요. 전국 단위의 배출권거래제 시행으로는 세계 최초였습니다.

1995년 3월 31일 자 《뉴욕타임스》에 흥미로운 글이 실렸습니다.[11] 배출권거래제가 과거의 환경규제에 비해 얼마나 혁신적으로 운용될 수 있는 정책인지 확인할 수 있는 기사였죠. 메릴랜드 대학, 미시간 대학, 듀크 대학 등 미국 내 일곱 개 법학

대학원 학생들은 시카고 상품 거래소Chicago Board of Trade, CBOT가 주관하는 경매 시장에 참여했습니다. CBOT는 1848년 설립된 세계에서 가장 오래된 선물거래 시장이죠. 학생들이 참여한 경매 품목은 다름 아닌 아황산가스 배출권이었습니다. 이들 대학원생들은 총 3256달러를 모금하여 경매에 나온 배출권 총량 17만 6400톤 중 18톤을 취득했습니다. 이들이 어떻게 경매시장에 참여할 수 있었을까요? 오염 물질 배출 당사자인 석탄화력발전소만이 아니라 누구든 경매 시장에 참여할 수 있다는 시장조건을 최대한 활용했기 때문이었습니다.

궁금증은 여전히 남습니다. 이 학생들은 값비싼 배출권을 왜 굳이 구입하려고 했을까요? 발전소를 운영하지 않으니 배출권이 직접 필요할 리 만무한데 말이죠. 언젠가 구입가보다 더 비싼 값에 배출권을 팔 수 있으리라고 기대했던 걸까요? 아니었습니다. 애당초 이들의 계획은 구입한 배출권을 사용하지 않고 소각하는 것이었습니다. 도대체 무슨 의도였을까요? 일정량의 배출권을 시장에서 퇴출시켜 정부가 계획했던 배출권 총량 대비 시장에 남아 있는 공급량을 줄이겠다는 생각이었습니다. 공급량이 감소하면 배출권 가격은 오를 가능성이 높으니까요.

메릴랜드 대학 환경법연대Environmental Law Coalition 회장인 리처

기후정책은 국제사회에서
한국의 위상을 높이고,
지속가능한 경제구조를 구축하며,
에너지 효율을 극대화하는,
둘도 없는 기회를 제공한다는 인식의
대전환이 필요합니다.

그 중심에 탄소세와 배출권거래제가
있음은 물론입니다.

드 파치올로Richard Facciolo는 《뉴욕타임스》 기자의 질문에 이렇게 답했습니다. "배출권을 소각함으로써 시장에서 배출권 가격이 오른다면 우리는 소기의 목적을 달성하는 것입니다. 배출권 구입에 따른 추가 비용 부담 때문에 기업은 아황산가스를 줄이기 위한 시설 투자에 나설 가능성이 높아지죠. 그만큼 공기 중에 배출되는 아황산가스는 줄어들 겁니다. 이것이 우리가 경매시장에 참여한 이유입니다." 이 법대생들은 단순하면서도 분명한 경제 원리를 실천에 옮겼습니다. 대학원생 주머니 사정상 많은 양의 배출권을 취득할 수는 없었음에도 말이죠.

배출권거래제 시행은 확장 일로를 걸었습니다. 1997년 탄소 배출을 줄이기 위한 국제협약인 '교토의정서Kyoto Protocol'를 통해 탄소 감축 수단으로 배출권거래제의 활용 가능성이 제기됐고, 이를 계기로 배출권거래제에 대한 국제적 관심이 급속도로 높아졌습니다. 그리고 2000년대 초 유럽연합은 배출권거래제EU-ETS 전격 도입을 결정했습니다. 시범 적용기간이라고 할 수 있는 2005~2007년 제1기를 거쳐 2008~2012년 제2기가 시행됐고요. 2013~2020년 제3기가 8년간 진행되었고, 현재 제4기가 시행 중입니다. 배출권거래제가 시행된 10여 년 동안 유럽연합은 배출총량 상한을 지속적으로 줄여왔습니다. 또한 배출권을 기업에 공짜로 나눠주는 무상할당 방식에서, 경매를 통해 기업들이 배출권을 직접 구매하는 유상할당 방식으로 확대해 나가면서 제도의 실효성을 높여왔죠.

이 대열에 우리나라도 동참했습니다. 2015년 한국은 유럽연합에 이어 세계에서 두 번째로 국가 차원에서 탄소 감축을 위한 배출권거래제K-ETS를 전격 시행하기에 이르렀죠. 각각 3년간 시행된 제1기와 제2기를 거쳐 2021년 제3기가 시작됐으며, 유럽연합과 마찬가지로 제도의 실효성을 높이기 위한 개선 방안을 계속해서 강구하고 있습니다.

탄소세 vs. 배출권거래제, 우리의 선택은?

여러분은 지금까지 탄소세와 배출권거래제가 무엇인지 알기 위해 저와 함께 먼 길을 달려왔습니다. 이쯤 해서 독자들 머릿속에 질문 하나가 떠오르지 않을까 싶네요. '탄소세와 배출권거래제 중 어느 정책이 더 우위에 있을까? 소요 비용을 최소화하면서 탄소 감축 목표를 달성하려면 어떤 정책을 써야 할까?' 누구나 한 번쯤 궁금해할 질문입니다. 결론부터 간단히 말하면, 이론상 두 제도의 정책효과는 정확히 동일합니다! 이것이 무엇을 의미할까요? 탄소세와 배출권거래제 모두 탄소 감축 목표를 가장 적은 비용으로 달성하는 '비용효과성Cost Effectiveness'을 만족한다는 점에서 우열을 가릴 수 없는 정책수단이라는 뜻입니다.

다만 이러한 결론에 도달하기 위해서 갖춰야 할 중요한 전제 하나가 있습니다. 둘 중 어느 정책을 사용하든지 정부는 필요한 정보를 모두 정확히 알고 있어야 한다는 것이죠. 정부가 탄소저감 정책을 추진할 때 풀어야 할 숙제는 단순 명료합니다. 탄소세를 사용하려면 탄소세율을 설정해야 하고, 배출권거래제를 활용하려면 배출권 할당량을 결정해야 하죠. 정부가 탄소세율을 정해놓으면 기업들은 줄여야 할 탄소 배출량을 스스로 알아서 결정합니다. 정부가 배출권 할당량을 결정하면 시장에서 배출권에 대한 수요와 공급에 따라 배출권의 시장가격이 자율적으로 결정되고요.

어떤 정보를 알고 있어야 최적 세율과 최적 할당량을 결정할 수 있을까요? 첫째, 탄소 배출에 따른 '사회적 피해 비용Social Damage Cost'을 알아야 합니다. 탄소 배출에 따른 기후변화가 인간과 지구 생태계에 더 큰 피해를 야기할수록 높은 세율과 적은 배출권 할당량을 설정해야 합니다. 그래야 오염 주체들이 탄소 배출을 줄일 유인이 커지기 때문이죠. 둘째, 탄소 배출을 줄이는 데 필요한 '저감 비용Abatement Cost'을 알아야 합니다. 저감 비용이 적다면 굳이 탄소세율을 높게 책정하거나 기업에 배출권을 많이 할당할 필요가 없습니다. 기업 스스로 큰돈을 들이지 않고 탄소 배출을 쉽게 줄일 수 있기 때문입니다. 반대로 저감 비용이 크다면 정부는 탄소세율을 높게 매기거나 배출권 할당량을 늘리는 방식으로 대응하는 것이 합리적입니다.

두 가지 핵심 정보인 탄소 배출에 따른 피해 비용과 탄소 감축을 위한 저감 비용을 정부가 알고 있다면, 놀랍게도 탄소세율과 배출권 가격은 정확히 일치합니다. 탄소세는 가격을 규제하고 배출권거래제는 수량을 규제하는데, 그 만나는 지점이 동일하기 때문이죠. 이렇게 되면 두 정책을 통해 줄어드는 탄소 배출량은 동일합니다. 역으로 말하면 탄소세와 배출권거래제를 시행한 후 경제 전체에서 배출하는 탄소총량은 차이가 없게 되는 것이죠.

또한 탄소 배출을 줄이는 과정에서 기업과 사회가 지불하는 비용 역시 두 제도가 똑같습니다. 왜 그러냐고요? 개별 기업이 지닌 감축 기술을 사용해 탄소 배출량을 줄이기 때문에 경제 전체의 감축 총비용이 같고, 제도 시행으로 인해 줄어드는 사회적 피해 비용, 역으로 말해 제도 시행 이전과 비교하여 증가하는 사회적 편익 역시 같기 때문입니다. 분석이 깔끔하고 멋지지 않나요?

환경경제학은 두 제도 간 평행이론을 완벽하게 구현했습니다. 여기까지는 논쟁의 여지가 없습니다. 문제는 이다음부터입니다. 탄소세와 배출권거래제를 비교분석하라는 연구과제가 경제학을 전공하는 대학원생에게 떨어졌다고 가정해 볼까요? 이 학생은 수학과 그래프를 동원하여 두 제도가 동일한 정책효과를 가져온다는 사실을 명쾌하게 증명합니다. 그리고 자랑스럽게 연구 결과를 공개합니다. 여러분이 학술세미나 현장에서 이 발표를 듣는다고 상상해 보세요. '이 학생은 아직 이론만 알고 현실은 모르는구나' 하는 생각이 들지 않을까요?

무엇보다 정부가 탄소 배출에 관한 모든 정보를 정확히 알고 있어야 한다는 전제는 상당히 비현실적입니다. 탄소 배출로 인한 사회적 피해 비용을 생각해 보죠. 기후변화로 인해 인류와 지구가 겪게 될 고통은 매우 다층적이고 복합적입니다. 많은 불확실성이 내재해 있죠. 여러 피해를 과소 추정하거나 과다 추정할 수 있습니다. 탄소 배출 저감 비용은 어떨까요? 어떻게 하면 탄소를 줄일 수 있을 것인가는 오염 당사자인 기업이 가장 잘 알 겁니다. 탄소 배출은 어떤 원료와 연료, 기술과 인력을 활용하여 생산 활동을 할 것인가의 함수죠. 정부가 기업이 갖고 있는 이 모든 정보를 세세하게 알아내기란 불가능에 가깝습니다. 정부가 저감 비용 정보를 달라고 해도 기업은 비용을 과장하는 식의 전략적 대응을 할 소지가 다분히 있어요.

만약 정부가 불확실한 정보를 토대로 탄소세나 배출권거래제를 시행하고자 한다면 그에 따른 탄소 감축 효과는 달라집니다. 어떤 정보가, 얼마만큼 불확실한가에 따라 두 제도 사이에 우열이 갈린다는 것이죠. 하버드 대학 마틴 와이츠먼 교수는 '불확실한 정보하에서의 환경정책 효과 비교'라는 중요한 연구 주제를 최초로 정립했습니다.

'탄소세와 배출권거래제 중 어느 쪽이 더 우수한가?'라는 질문에 한마디로 답하기란 불가능합니다. 제도를 어떻게 설계하느냐에 따라 정책 실효성이 다를 뿐만 아니라, 제도 설계가 제대로 이루어졌다고 해도 정보의 불확실성을 포함한 사회경제적, 심지어 정치적 조건들에 따라서 결과가 다르게 나타나기 때문이죠.

실제 시행 과정에서 나타나는 두 제도의 장단점을 하나씩 얘기해 보겠습니다. 탄소세의 가장 큰 강점은 제도의 '단순성'입니다. 정부가 제안하고 국회가 동의하면 언제든지 화석연료 소비에 대해 일정 수준의 세금을 부과할 수 있죠. 탄소세는 전형적인 간접세로서의 특징을 지니기 때문에, 정부나 국민 모두가 쉽게 이해할 수 있는 정책수단입니다.

정유 사업자는 휘발유나 경유를 시장에 팔 때마다 정부에 세금을 내야 하고, 승용차 운전자는 주유소에서 구매하는 기름에 일정액의 유류세가 포함돼 있음을 경험을 통해 압니다. 이미 석탄과 천연가스, 중유나 등유에도 정해진 세율의 간접세가 부과되고 있기 때문에 새로울 것이 없지요. 정부가 의지만 있다면 전기 소비에 대해서도 탄소세를 부과할 수 있습니다. 기업은 물론, 자동차 운전자와 취사용 연료를 사용하는 가정집 등 탄소를 배출하는 모든 에너지원과 이를 사용하는 모든 경제주체에 예외 없이 세금을 매길 수 있다는 말입니다. 나아가 탄소세 부과로 정부가 확보한 세수는 기업의 탈탄소 기술개발이나 에너지 취약계층 지원에 효과적으로 사용할 수 있고요.

하지만 배출권거래제 시행은 상당히 복잡한 과정을 거쳐야 합니다. 애초에 존재하지 않던 시장을 인위적으로 만들어야 하기 때문이죠. 수요와 공급 원리에 따라 배출권 거래가 생겨나게 하려면 정부는 새로운 시장 창출을 위해 발품을 많이 팔아야 합니다. 미국에서 처음 배출권거래제를 시행했을 때, 제도 설계 매뉴얼을 모두 쌓았더니 성인 키보다 높았다는 말이 있을 정도니까요. 그도 그럴 것이, 환경오염 물질을 자신의 공장에서 배출할 수 있는 '권한'을 사고판다는 것이 처음에는 상당히 어색한 일이 아닐 수 없습니다. 그만큼 탄소시장 참여자들이 시장원리에 충분히 익숙해져야 한다는 의미니까요.

경제 내 수많은 탄소 배출자를 대상으로 예외 없이 배출권을 할당하는 건 불가능에 가깝습니다. 화석연료인 천연가스로 난방과 취사를 한다고 우리나라 2100만 가구에 배출권을 할당하는 일은 전혀 현실적이지 않죠. 그러다 보니 배출권거래제 대상은 일정량 이상의 탄소를 배출하는 기업에 한정됩니다. 현재 유럽연합에서 기업을 대상으로 시행하는 EU-ETS는 경제 전체 탄소 배출량의 약 50%를 담당하고, 우리나라의 K-ETS는 약 70%를 차지하고 있습니다. 누구에게나 탄소 배출 비용을 부담시킬 수 있는 탄소세와는 확실히 차이가 있죠.

배출권거래제가 작동하려면 먼저 개별 기업에 배출권을 할당해야 합니다. 배출권을 나눠주는 방식은 다양하죠. 정부가 기업들에게 무상으로 배출권을 제공하기로 했다면, 일정한 기준을 만들어 기업별 할당량을 정해야 합니다. 만약 과거에 배출했던 탄소량에 비례하는 방식으로 배출권을 나눠주기로 결정했다면, 정부는 개별 기업의 과거 배출량 정보를 확보해야 하기 때문에 적지 않은 정보 비용이 필요합니다. 문제는 정부가 기업의 탄소 배출량 정보를 수집한다 하더라도 그것이 정확한 정보라는 보장이 없다는 점이죠. 더 심각한 것은 과거부터 배출량을 열심히 줄여온 기업은 오히려 배출권 할당에서 불이익을 받을 수 있다는 사실입니다. 이는 제도의 신뢰성을 훼손할 위험이 있는 사안입니다.

그래서 경제학자들은 가장 효율적이고 공정한 배출권 할당 방식은 배출권을 경매에 부치는 거라고 주장하죠. 돈을 내고 배출권을 사게 한다면 기업은 자신이 필요로 하는 만큼만 배출권을 구매하게 될 겁니다. 이러한 유상할당 방식은 무상할당에 비해 기업의 금전적 부담을 늘립니다. 더 이상 배출권을 공짜로 받을 수 없기 때문이죠. 실효성 있는 배출권 시장을 창출하기 위해 왜 초기에 많은 노력과 비용을 들여야 하는지 이해할 수 있을 겁니다. 이는 탄소세 시행을 위해서는 굳이 필요 없는 작업들입니다.

그렇다면 배출권거래제는 무엇을 우위로 내세울 수 있을까요? 가장 확연한 장점은 탄소 배출 감축량에 대한 '확실성'입니다. 배출권거래제는 경제 전체의 배출량을 얼마만큼 줄일 것인가를 먼저 결정하고 이에 맞춰 배출권을 할당하는 데서 출발하는 제도입니다. 여러 환경단체와 적지 않은 전문가들이 배출권거래제를 선호하는 가장 큰 이유는, 탄소 감축 목표가 분명하다는 것입니다. 일단 감축량을 설정한 다음에도 지속적으로 감축 목표를 상향 조정할 수 있고요. 기업들은 강화된 조건에 맞춰 계속해서 탄소 감축 경영에 박차를 가할 수밖에 없습니다.

이에 반해 탄소세는 감축량을 확실하게 보장할 수 없습니다. 세금을 통해 탄소에 가격을 매기는 방식이기에, 비싸진 화석연료 가격에 반응하는 오염 주체의 의사결정에 따라 감축량이 정해집니다. 탄소세율이 기업의 탄소 배출 유인을 충분히 이끌어내지 못한다면 정책효과는 반감되고, 거기에 인플레이션까지 지속된다면 탄소 톤당 매기는 탄소세율의 실질적 효과는 떨어지게 됩니다.

정부가 물가상승에 맞춰 매번 탄소세율을 인상한다는 것도 경제에 미치는 부담 때문에 정치적으로 쉽지 않은 일이 분명합니다. 이 같은 상황을 경제학에서는 세금의 '끈적거림Stickiness(잘 바꿀 수 없음)' 현상이라고 합니다. 배출권거래제에서는 이러한 부작용이 생기지 않죠. 탄소 가격이 아닌, 배출권이라는 양(量)을 통제하는 방식이기에 물가상승과 같은 외적 경제 환경이 제도의 실효성에 영향을 미치지 않습니다. 탄소 배출량 감축 목표 자체를 달성하는 데서는 배출권거래제가 가장 효과적인 제도라고 해도 과언이 아닌 셈입니다.

두 제도의 장단점이 극명하다 보니 전문가들 사이에서도 호불호가 갈립니다. 경제학자 중에는 대표적으로 컬럼비아 대학Columbia University 제프리 삭스Jeffrey Sachs 교수가 탄소세를 지지하는 반면, 하버드 대학 로버트 스태빈스Robert Stavins 교수는 배출권거래제를 옹호하죠. 30년간 국제환경단체인 환경방위기금Environmental Defense Fund 대표를 지낸 프레드 크럽Fred Krupp은 탄소 감축량이 확실하다는 근거로 강력한 배출권거래제 지지자를 자임합니다. 하지만 탄소세센터Carbon Tax Center 설립자인 찰스 코마노프Charles Komanoff는 배출권거래제는 아황산가스와 같은 지역 오염 물질을 통제할 때에는 효과가 있을 수 있지만, 탄소와 같은 글로벌 환경문제를 해결하는 데에는 오직 탄소세만

이 실질적인 감축을 유도할 수 있다고 주장하죠.

한국 경제가 나아가야 할 길은?

우리나라에서도 두 제도를 바라보는 시각은 각양각색입니다. 과거 산업계는 탄소세든, 배출권거래제든 원가 상승에 따른 기업경쟁력 악화를 이유로 반대 의사를 강하게 밝혔습니다. 애초 2009년 시행할 계획이었던 배출권거래제가 우여곡절 끝에 6년이나 지난 2015년 시작된 데에는 산업계의 반발이 큰 이유를 차지했죠. 만약 그때 정부가 배출권거래제 대신 탄소세를 도입하겠다고 발표했다면 산업계의 반대 목소리는 더하면 더했지, 약하지 않았을 것으로 짐작합니다. 배출권거래제는 저촉 대상과 할당량 결정에 산업계와 기업의 입김이 개입할 여지가 없지 않지만, 탄소세는 세율만 적절하게 매긴다면 누구도 세금의 영향으로부터 빠져나가기 힘들 것이기 때문이죠.

학자들 간에도 두 제도의 장단점과 실효성을 보는 시각은 다양합니다. 어떤 전문가는 배출권 할당 과정에서의 투명성 결여와 배출권 가격 급등락에 따른 예측 불가능성을 이유로 탄소세를 선호합니다. 반면 유류세처럼 이미 탄소세 성격의 조세제도가 존재하는 상황에서, 탄소세 신설이 갖는 정치적 부담과 국민의 조세저항을 이유로 배출권거래제가 현실적인 대안이라고 주장하는 학자도 있습니다.

탄소세와 배출권거래제를 다룬 세계은행 최신 보고서인 『탄소 가격 현황과 추이 2022State and Trends of Carbon Pricing 2022』에 따르면, 2022년 4월 현재 전 세계에는 전국 혹은 지역 차원에서 총 65건의 탄소가격 제도Carbon Pricing Instruments가 시행되고 있습니다. 이 중 34건이 탄소세, 31건이 배출권거래제입니다. 흥미롭게도 두 제도가 비슷한 비중으로 시행되고 있음을 알 수 있죠. 국가 단위에서는 50개국 정도가 탄소에 가격을 매기고 있습니다. 이들 중에는 캐나다 일부 지역과 아르헨티나처럼 탄소세만 도입한 나라도 있고, 이탈리아, 한국, 중국과 같이 배출권거래제만 도입한 나라도 있으며, 스페인, 노르웨이, 스웨덴처럼 두 제도를 혼합해서 시행하는 나라도 있습니다.

현재 전 세계 온실가스 배출량의 23%에 대해 탄소세와 배출권거래제가 적용되고 있습니다. 각국의 탄소세율과 배출권 가격은 역대 최고치 수준을 기록하고 있고, 두 제도를 통해 거둔 정부 수입은 모든 국가를 통틀어 약 110조 원에 달합니다. 하지만 아직 갈 길이 멉니다. 기후 파국을 모면하기 위해 요구되는 탄소가격 수준을 만족하는 배출량은 아직 4%에 불과한 실정이니까요. 최근 국제사회는 글로벌 탄소 감축 속도를 높이기 위해 배출권거래제를 국제적으로 연계하자는 제안을 내놓고 있습니다. 유럽연합에서는 국가 간에 무역거래가 이뤄질 때 제품에 내재된 탄소비용의 차이를 사실상의 관세로 상쇄하는 이른바 '탄소국경조정제도'를 구체화하고 있죠.

우리나라는 선진국 가운데서 제조업 비중이 가장 큰 나라 중 하나입니다. 우리나라의 주력 제조업은 철강, 석유화학, 시멘트, 자동차, 전자와 같이 에너지를 많이 사용하는 산업입니다. 하나같이 탄소 리스크가 큰 업종들이죠. 우리에게는 탈탄소를 향한 담대한 실천만이 선택지로 남아 있습니다. 국제사회에서 한국의 위치가 그렇고, 한국 경제의 현주소가 그렇습니다.

기후변화에 대한 인류의 위기의식이 높아질수록 이를 해결하기 위한 정책수단은 더욱 강화될 것입니다. 탄소세와 배출권거래제는 온실가스를 줄일 수 있는 가장 효과적인 정책수단으로 학계와 산업계의 검증을 마쳤습니다. 정부는 탈탄소 정책이 지닌 비용부담 요인 때문에 유권자들의 표를 잃을 거라는 두려움에 머물러서는 안 될 것입니다. 또한 기업은 기후 대응 정책을 시장경쟁력을 떨어뜨리는 불필요한 환경규제로 인식해서는 안 됩니다. 국민은 탄소 감축을 전기와 에너지 가격을 올리는 금전적 부담으로 치부해서는 안 되겠죠. 기후정책은 국제사회에서 한국의 위상을 높이고, 지속가능한 경제구조를 구축하며, 에너지 효율을 극대화하는 둘도 없는 기회를 제공한다는 인식의 대전환이 필요합니다. 그 중심에 탄소세와 배출권거래제가 있음은 물론입니다.

5장

돌고래와 바다거북,
탄소국경조정제도의 공통점은?

“기후변화는 환경문제를 넘어 경제문제로 확장되고 있습니다. 탈탄소 경제를 중심으로 국제 무역규범이 재편되고 있습니다. 우리나라 산업 전체가 도약과 나락의 갈림길에 놓여 있습니다.”

요즘 제가 기회 있을 때마다 기업인들에게 강조하는 말입니다. 괜한 겁주기가 아닙니다. 그만큼 기후위기에 대응하여 글로벌시장이 빠르게 변하고 있습니다. 국제기구와 투자자와 소비자와 시민사회가 한목소리로 기후변화의 심각성을 외치고 있습니다. 해외 시장의 탄소규제는 날로 강화되고 있으며, 깨끗하고 안전한 제품에 대한 요구가 계속해서 커지고 있습니다. 탈탄소경쟁력이 곧 기업경쟁력이고, 기후경쟁력이 곧 국가경쟁력인 시대가 오고 있습니다.

기존 무역질서를 뒤흔드는 태풍은 유럽연합이 추진 중인 ‘탄소국경조정제도Carbon Border Adjustment Mechanism, CBAM'에서 불어오고 있습니다. CBAM이란 쉽게 말해 어느 기업이든 유럽에 물건을 수출하려면 유럽연합이 요구하는 수준의 탄소비용을 부담해야 한다는 원칙이자 규제입니다. 예를 들어 유럽산 철강제품에는 탄소비용이 10만 원 포함돼 있는데, 한국산 철강제품에 내재된 탄소비용은 4만 원에 불과하다면 그 차액인 6만 원을 유럽연합에 지불해야 수출이 가능하다는 겁니다.

과연 이러한 일방적Unilateral 무역규제가 세계무역기구World Trade Organization, WTO가 지향하는 자유무역 규범과 충돌하지 않을까요? 궁금하지 않을 수 없습니다. CBAM이 논쟁적인 이유는 이 제도가 외견상 국산과 외산을 차별할 뿐만 아니라, 수출국 간에도 차등을 두는 것처럼 보이기 때문입니다. 자유무역 질서의 근간을 뒤흔들 소지가 있는 사안인 것이죠. 탄소국경조정제도를 제대로 알기 위해서는 먼저 환경보전과 국제무역을 둘러싼 다양한 논의 구조와 역사적 발전 과정을 이해할 필요가 있습니다. 지금으로부터 30년 전쯤 미국에서 일어난 한 특이한 사건으로 이야기를 풀어가 보겠습니다.

중년의 형사가 참치 샌드위치를 막 먹으려는 순간, 아내와

딸이 소리칩니다. "참치는 안 돼요!" 형사는 깜짝 놀라 입에서 샌드위치를 뗍니다. 이어지는 아내의 설명. "여보, 우린 참치 거부 운동을 하고 있잖아요. 참치를 잡으려다 불쌍한 돌고래가 죽어가고 있어요."

우리나라에서도 꽤 인기를 끈 영화 〈리썰 웨폰Lethal Weapon〉 시리즈 중 제1편에 등장하는 장면 중 하나입니다. 이 영화가 상영된 1989년 '참치 통조림 거부 운동'이 미국 전역을 휩쓸고 있었습니다. 참치를 대량으로 어획하기 위해 '건착망 그물Purse Seine Netting'을 사용하는 과정에서 돌고래가 함께 잡혀 다치거나 죽는 사례가 생기는 것에 대한 항의였죠. 건착망 기술이란 배와 배 사이를 어망으로 연결한 후 그물 밑에 있는 케이블과 어망 윗부분을 지갑 모양으로 만들어 그 속에 물고기를 가두는 것으로, 가장 전통적인 참치잡이 방식이라고 할 수 있습니다.

동태평양 열대지역에 서식하는 황색지느러미 참치Yellowfin Tuna(황다랑어)는 돌고래 떼 밑에서 함께 이동합니다. 해양 전문가들은 이것이 돌고래가 참치의 천적인 상어로부터 스스로를 보호하기 위해 생기는 현상으로 추정하고 있습니다. 어선은 숨을 쉬기 위해 바다 위로 뛰어오르는 돌고래를 보고 어망을 던지죠. 그 밑에 참치가 있다고 짐작하기 때문입니다. 대형 건착망식 어획으로 죽어간 돌고래가 1960년부터 1990년대에 이르기까지 자그마치 1000만 마리에 달하는 것으로 전문가들은 추산하고 있습니다.

어느 나라에서나 돌고래는 어린이 만화의 단골 주인공으로 인기가 높죠. 여러분도 어린 시절, 돌고래가 등장하는 만화영화를 즐겨 보셨을 거라 짐작합니다. 돌고래가 생존 위기에 처해 있다는 사실이 알려지자 미국 초등학교 학생들은 인기 점심 메뉴인 참치 샌드위치 먹기를 거부하기 시작했습니다. 연이어 전국의 수많은 식당이 참치 요리를 식단에서 제외했고요. 어린이들의 항의로부터 촉발된 거대한 시민운동에 굴복하여 1990년 미국 참치 통조림 수요의 70%를 공급하던 3대 업체가 "돌고래를 안전하게 보호하는 방식으로 어획된 참치"만을 공급하겠다는 대국민 선언을 발표하기에 이르렀습니다.

미국의 「해양포유동물보호법Marine Mammal Protection Act」은 자국 어선은 물론, 황색지느러미 참치잡이를 하는 모든 국가에 돌고래 보호 의무를 부과하고 있습니다. 해양 포유류 보호를 의무화한 자국법에 기초하여 미 연방정부는 1991년, 건착망을 이용해 참치잡이를 하던 멕시코, 베네수엘라, 바누아투는 물론, 이를 통조림으로 가공하여 미국에 수출하는 코스타리카, 파나마,

프랑스, 이탈리아, 일본에 대해 참치 관련 제품의 수입을 금지하겠다는 초강수를 두게 됩니다. 미국 국민의 환경보호 요구가 참치 수출입을 둘러싼 국제무역 분쟁으로 확산한 것이죠.

이처럼 환경문제는 국제무역과 충돌을 일으킬 가능성이 있습니다. 제2차 세계대전 후 구축된 관세무역일반협정General Agreement on Tariffs and Trade, GATT 체제와 1995년 발족한 세계무역기구는 국가 간 자유무역 창달을 목표로 하고 있죠. 하지만 시간이 가면서 '국제무역으로 인해 환경오염이 가중되고 생태계가 훼손되는 상황이 발생한다면 어떻게 할 것인가? 이 경우에도 자유무역은 예외 없이 존중되어야 하는가?' 하는 의문점이 생겨났습니다.

일회용Non-refillable 음료 용기를 둘러싼 덴마크와 주변 유럽 국가 간 무역 분쟁 사례를 살펴볼까요? 덴마크 정부는 1991년 재이용이 불가능한 각종 음료 용기의 생산과 유통, 소비를 전격 금지시켰습니다. 이처럼 강력한 규제를 시행한 목적은 일회용 용기의 무단 투기나 부적절한 처리를 방지함으로써 환경을 보전하고 국민 건강을 증진하기 위함이었죠. 이 조치는 덴마크 자국과 일회용 용기를 수출하는 주변국 사업자 모두에게 동일하게 적용되었습니다. 사실상 수입금지 조치였던 셈입니다.

주변국들은 덴마크의 일회용 용기 금지 정책이 환경을 빌미로 자국 생산자를 암묵적으로 보호하기 위한 편법이라고 반발해 유럽법원에 제소했습니다. 법원이 누구의 손을 들어주었을까요? 당황스럽게도 재판 결과는 원고 패소였습니다. 이 판결이 말하고자 하는 바는 이렇습니다. 음료 용기와 같이 제품 자체를 '소비'하는 과정에서 해당 국가의 환경에 악영향을 미칠 가능성이 있는 경우, 동종 상품Like Product에 대해 국내외를 막론하고 동일한 조치를 취하는 것은 GATT의 무역규범 원칙에 어긋나지 않는다는 사실입니다.

오늘날 생태계와 국민 건강을 보호하기 위한 환경정책이 사실상의 무역제한 조치로 작용하는 경우를 많이 볼 수 있습니다. 미국이나 유럽에 자동차를 수출하기 위해서는 수입국가의 배기가스 기준을 충족해야 하죠. 대기오염은 수입국 국민의 건강에 직접적인 영향을 미치기 때문입니다. 이를 만족하지 못한다면 수출 자체가 불가능해질 수 있습니다. 심지어 전자제품의 특정 부품이 중금속을 기준치 이상으로 함유하고 있을 경우에도 수출이 불가능해집니다.

환경을 매개로 취해지는 무역규제는 WTO 주요 규정인 GATT 제20조에 근거합니다. 환경 관련 예외 조항을 명시하고 있는 이 조항을 한번 볼까요. (b)항 '인간, 동물 및 식물의 생명과 보건을 보호하기 위해 필요한 조치'와, (g)항 '자국 내의 생산 또는 소비에 대한 제한과 관련하여 실시되는 고갈성 천연자원의 보호에 관한 조치'의 경우에는 GATT 제1조 '최혜국대우Most Favored Nation Treatment'와 제3조 '내국민대우National Treatment' 원칙에 예외가 허용된다는 규정입니다. 최혜국대우는 여러 국가로부터의 수입품들을 차별하지 않고 동등하게 취급해야 한다는 원칙이고, 내국민대우란 수입품과 국산품 사이에 공정한 경쟁을 보장해야 한다는 원칙이죠. 자유무역의 챔피언을 자임하고 있는 WTO 체제에서도 국민 생명과 환경보호를 위한 무역규제 정책은 허용하고 있으며, 이 같은 경향은 점점 강해지는 추세입니다.

여기서 주의할 점이 있습니다. 특정 제품의 '생산' 과정에서 발생하는 환경오염과 생태계 훼손에 대한 무역제한 조치는 전혀 별개의 사안이라는 사실입니다. 참치-돌고래 분쟁 사건으로 돌아가 볼까요? 멕시코는 미국의 일방적 수입금지 조치가 GATT 규정을 위배했다고 주장하면서 GATT에 제소했습니다. GATT 분쟁위원회는 제품 자체의 특성에 영향을 미치지 않는 생산공정의 국가 간 차이를 이유로 수입품과 국내 제품을 차별하는 것은 GATT 규정에 어긋난다고 판정하였죠. 한마디로 미국산 참치와 멕시코산 참치가 어획 방법이 다르다는 이유만으로 제품을 차별해서는 안 된다는 것이었습니다. 미국이 자국 관할권 밖의 자연자원과 관련하여 자국법을 강요하기 위해 취한 무역제한 조치 역시 GATT 제20조의 환경 관련 예외 규정에 해당하지 않는다고 판정했고요. 건착망 방식을 통해 참치를 어획하는 멕시코 어민들에게는 천만다행한 일이었습니다.

이에 대한 미국의 반응은 어땠을까요? 돌고래 죽음에 극도로 민감한 자국 정서를 반영하듯 미국 정부는 GATT 분쟁위원회의 판정을 비판했습니다. GATT 제20조 예외 조항을 너무 좁게 해석함으로써 환경보전을 위해 무역규제 조치를 취하려는 노력을 무시했다고 비난했죠. 하지만 환경보전을 이유로 가해지는 일방적 무역규제 조치가 GATT의 정신과 규범에 부합하지 않는다면 이를 허용해서는 안 된다는 국제사회의 광범위한 공감대가 존재했습니다. 그렇기 때문에 GATT는 소비 과정에서 발생하는 환경문제와, 생산 과정에서 유발되는 환경오염은 본질적으로 성격이 다르다고 판단한 것이었습니다.

만약 미국의 참치 수입금지 조치가 국제무역 규범에 부합한다는 판결이 내려졌다면 어땠을까요? 특정 국가가 이를 악용할 소지가 적지 않았겠지요. 특정 제품의 생산 과정에서 환경 오염이 더 많이 발생했다거나, 이에 대한 정부의 환경규제가 미흡했다는 이유만으로 해당 국가에 대해 무역제한 조치를 가할 수도 있습니다. 이것은 '녹색 보호무역주의Green Protectionism'라는 비판에서 결코 자유로울 수 없을 겁니다. 결론적으로 생산 과정에서 훼손되는 환경은 그 국가와 국민, 생태계에 피해가 돌아가는 문제이지, 수입국이 직접 당하는 피해는 아니라는 사실을 GATT 분쟁위원회가 수용한 것으로 이해할 수 있겠습니다.

글로벌 무역 규범이 바뀐다

비슷한 경우지만, 판결은 달라진 분쟁 사례가 있습니다. 이번에는 참치와 돌고래 대신 새우와 바다거북이 등장합니다. 1997년 아시아권의 4개국인 인도, 말레이시아, 파키스탄, 태국은 자국이 생산한 새우에 대해 수입금지 조치를 취한 미국을 WTO에 제소했습니다. 이 사례는 WTO가 정식 출범한 이래 최초로 WTO 내 분쟁조정 시스템을 가동한 경우로 기록돼 있죠. 미국은 왜 이들 국가들로부터 새우 수입을 금지하려 했을까요? 자국 내 「멸종위기종 보호법Endangered Species Act」에 근거하여 멸종위기 혹은 멸종위협으로 분류된 5종의 바다거북을 보호하기 위함이었습니다.

미국 서부 캘리포니아주에서 이루어진 조사에 따르면, 매년 1만 5000마리의 바다거북이 저인망 그물에 걸려 수면 위로 올라오지 못하는 바람에 질식해 죽어간다고 합니다. 이를 방지하기 위해 미국의 새우잡이 저인망 어선은 그물에 '거북 보호 장치Turtle Excluder Devices, TEDs'를 의무적으로 사용해야 하죠. TEDs는 그물에 걸린 바다거북이 스스로 빠져나갈 수 있게 만든 장치입니다. 한 연구에 따르면 TEDs를 장착할 경우 새우잡이로 죽을 수 있는 바다거북의 97%를 살릴 수 있는 것으로 나타났습니다. 문제는 미국 어민들은 법 규정에 따라 TEDs를 설치했지만, 다른 나라들에서는 이 조치가 제대로 이루어지지 않았다는 것입니다.

미국은 자국법에 근거하여 바다거북에 피해를 입히는 어획방식을 사용한 국가들로부터의 새우 수입을 금지했습니다. 이에 반발한 인도 등의 나라가 WTO 제소를 감행한 것이죠. 최초 판결은 1998년 5월에 나왔습니다. 결과는 미국의 패소였습니다. WTO 위원회는 이 사안이 수입국에 대해 일방적인 수량 제한 조치를 취할 수 없다는 GATT 제11조에 어긋날 뿐만 아니라, 환경 관련 자유무역 예외 조항을 명시한 GATT 제20조 대상이 될 수 없다는 근거를 들어 아시아 국가들의 손을 들어 주었습니다.

미국은 이에 불복하여 WTO 상소기구Appellate Body에 재심의를 요구했습니다. 상소기구의 판단은 조금 달랐죠. 상소기구는 특정 국가가 인간, 동물 또는 식물의 생명과 건강, 그리고 멸종 위기에 처한 종을 보호하기 위해 무역 조치를 시행할 권리가 있음을 분명히 밝혔습니다. 미국이 바다거북을 보호하기 위해 GATT 제20조 예외 조항을 적용하는 것은 적법할 수 있다고 판단한 것이죠. 이는 앞에서 본 참치-돌고래 사례에서의 판결과는 시각을 달리한다는 점에서 매우 의미심장합니다.

오히려 상소기구는 미국이 패소한 이유를 다른 데서 찾았습니다. 바다거북 보호 조치가 WTO 규정에 부적합하기 때문이 아니라, 조치를 추진하는 과정에서 미국이 WTO 회원국들을 차별했기 때문이라는 것이었습니다. 이게 무슨 말일까요? 미국은 북미 대륙 남동쪽에 있는 카리브해 지역 어민들에게는 거북 보호 장치를 사용할 수 있도록 기술과 재정 지원은 물론, 어획

기술을 선진화할 수 있는 기간을 충분히 제공했습니다. 하지만 아시아 국가들에는 동일한 정책을 취하지 않았던 것이죠. 상소기구는 미국의 이 같은 조치가 GATT 제20조 두문(頭文)이 명시한 "동일한 여건하에 있는 국가 간에 자의적이거나 정당하지 않은 차별을 하지 않아야 한다"라는 원칙에 위배된다고 보았습니다. 미국이 바다거북 보호를 위해 카리브해 지역과 아시아 국가들에 동일한 지원과 조치를 취하지 않았음을 지적한 것이죠.

상소기구 판단을 수용한 미국은 아시아의 새우 수출국들과 바다거북 보전을 위한 국가 간 협상에 착수했습니다. 또한 이들 국가들에 카리브해 지역과 동일한 기준으로 거북 보호 장치 활용을 위한 기술과 재정을 지원했고요. 새우-바다거북을 둘러싼 미국과 아시아 국가들 사이의 밀고 당기기는 마침내 2001년 종착점에 도달합니다.

최종적으로 WTO는 바다거북 보호와 관련한 미국의 무역제한 조치가 GATT 제20조 (g)항을 적용하는 데 전제조건이 되는 국가 간 차별 금지를 충분히 수용했기에 적법하다고 판단했습니다. 참치-돌고래 때와는 다른 결론에 도달한 셈이죠. 새우-바다거북 사례는 WTO가 제품의 소비 과정에서 발생하는 환경오염이 아니라, 해당 제품을 생산하는 과정에서 야기되는 생태계 파괴를 이유로 추진한 무역규제 조치까지 수용했다는 차원에서 파급력이 크다고 할 수 있습니다.

자유무역과 환경보전 간 충돌 사례들에서 보았듯이 제품의 소비 과정이 아닌, 생산 혹은 공정 방법의 차이에 근거한 일방적 무역 조치는 GATT와 WTO 체제에서 전통적으로 허용하지 않았습니다. 하지만 새우-바다거북 사례는 WTO가 환경 관련 예외 조항을 좀 더 유연하게 해석하여 확대 적용할 가능성이 있음을 시사합니다. 이미 환경 관련 무역제한 조치에 따른 국가 간 분쟁이 지속적으로 발생하고 있고요. 그동안의 흐름으로 볼 때 앞으로 WTO가 환경보전을 위한 예외 조항을 포괄적으로 적용함으로써 일방적 무역규제 조치를 수용할 가능성이 높아질 것으로 보입니다. 기후위기 대응을 위한 세계 각국의 무역과 통상 정책에 우리가 주목해야 할 이유가 바로 여기에 있습니다.

다시 탄소국경조정제도로 돌아올까요. 탄소국경조정제도는 기존의 글로벌 무역규범을 '탈탄소화Decarbonization' 중심으로 송두리째 바꿀 파괴력이 있는 사안입니다. 역사적으로 WTO는 자유무역 질서를 침해하는 무역제한 조치에 대해 보수적 태도를 견지해 왔죠. 분명한 근거가 있지 않은 한, GATT 제20조의 예외 조항 수용을 쉽사리 허용하지 않았다는 말입니다. 하지만 기후변화 이슈는 WTO가 자신의 입장을 선회할 잠재력을 지니고 있습니다. 기후위기야말로 지구상의 모든 국가에 공통적으로 피해가 미치는 지구환경문제이기 때문입니다.

과거 '오존층 파괴'가 심각한 지구환경문제로 등장했을 때, 국제사회는 1987년 몬트리올 의정서를 채택하여 염화불화탄소Chlorofluorocarbons, CFCs를 규제하고자 했습니다. CFCs는 냉장고와 같은 가전제품 냉매로 쓰여 성층권 오존층을 파괴하는 주범입니다. CFCs 퇴출은 걱정했던 것보다 빠르고 성공적으로 이루어졌습니다. 여기에는 두 가지 이유가 있죠. 첫째, 오존층 파괴를 일으키지 않는 대체 물질이 속속 개발됐습니다. 규제가 강화되자 기업들이 앞다투어 기술개발에 매진한 덕분입니다. 둘째, CFCs를 이용하여 제품을 대량생산하는 공정과 공장은 전 세계적으로 제한적이었기 때문에 그만큼 모니터링과 규제가 용이했습니다. 해결의 실마리가 풀리면서 오존층 파괴 문제는 서서히 줄어가는 추세입니다.

기후변화는 완전히 다르죠. 기후문제를 일으키는 오염 물질

탈탄소경쟁력이 곧 기업경쟁력이고,

기후경쟁력이 곧 국가경쟁력인

시대가 오고 있습니다.

중 가장 영향력이 큰 이산화탄소는 화석연료를 사용하기만 하면 전 세계 어디에서나 나옵니다. 탄소 배출원은 지구상에 존재하는 사람 수만큼 많다는 말이 결코 과장이 아닌 것이죠. 배출원이 무궁무진하기 때문에 제어하기가 매우 어렵고요. 에너지는 인류 생존과 경제활동을 위한 필수재이기에 쉽사리 사용을 중단할 수도 없습니다. 오존층 파괴 문제와는 달리 이산화탄소 배출을 획기적으로 줄일 수 있는 기술개발도 쉽지 않습니다. 탄소 배출과 지구온난화 사이에 존재하는 직접적인 상관성을 과학자들이 충분히 밝혀냈음에도 쉽게 문제를 해결할 수 없는 이유가 여기에 있는 것이죠.

기후변화 현상의 복잡성은 한 국가의 탄소저감 노력만으로는 결코 해결할 수 없다는 데서 극명하게 드러납니다. 그래서 등장한 것이 '국제환경협약Multilateral Environmental Agreement, MEA'입니다. 1992년 기후변화 문제를 본격적으로 다루기 위해 '유엔기후변화협약UN Framework Convention on Climate Change, UNFCCC'이 체결됐습니다. 이 협약에 가입한 참가국들은 매년 '당사국 총회Conference of Parties, COP'를 개최하여 탄소 감축을 위한 공동 목표를 정하고, 국가별 의무 감축량을 분담하며, 이를 달성하기 위한 정책수단을 공유해 왔습니다. 하지만 지난 30년에 걸친 노력이 얼마나 탄소 감축에 기여했는가를 냉정히 평가한다면, 높은 점수를 매기기는 어려울 겁니다. 오죽하면 매년 수만 명이 당사국 총회에 모이느라 배출한 탄소가 국가 간 협상을 통해 줄인 양보다 더 많을 것이라는 냉소적인 말까지 나오겠습니까.

탈탄소에는 국경이 없다

국제적인 탄소저감 노력이 횡보를 거듭하는 사이, 기후변화는 기후위기와 기후재앙으로 심각성을 더하면서 악화 일로를 걸어왔습니다. 홍수와 가뭄, 폭염과 산불과 같은 극한기상 현상으로 인류가 겪는 막대한 피해는 현재진행형이죠. 11장에서 자세한 이야기를 나누겠지만, 기후위협에 직면한 글로벌 기업들은 앞다투어 재생에너지만으로 전기를 만들어 사용하겠다는 RE100 선언에 동참하고 있고, 국제 금융기관들은 이른바 환경·사회·지배구조를 기준으로 삼는 ESGEnvironmental, Social, and Governance 평가 원칙을 수립해 기후 리스크를 무시하는 기업들로부터 투자를 회수하겠다며 으름장을 놓고 있습니다. RE100과 ESG는 모두 민간과 시장 주도로 이루어지는 기후위기 대응 노력입니다.

하지만 탄소국경조정제도는 민간이 아닌 국가 주도로 이루어진다는 점에서 RE100이나 ESG와는 다릅니다. 탄소 감축 노력에 진정성을 보이지 않는 국가의 기업을 상대로 물건을 수입할 때마다 사실상의 세금을 매기겠다는 무역규제 정책이 등장한 겁니다. 전통적인 국제무역 질서와 규범을 넘어서 '탈탄소 뉴노멀'을 지향한다는 점에서 엄청난 파괴력이 있는 것이죠.

탄소국경조정제도는 교역국의 생산 과정에서 발생하는 탄소 배출을 제어하는 데 목적이 있습니다. 그만큼 외견상으로는 WTO가 지향하는 자유무역 규범에 어긋난다고 생각할 수 있습니다. 참치-돌고래 분쟁의 판결 결과처럼 말이죠. 관건은 GATT 제20조 (b)항과 (g)항에서 명시하고 있는 환경 관련 예외 조항에 부합하는 정책 여부에 대한 판단인데요, 만약 탄소가 특정 지역에만 피해를 야기하는 국지적 오염 물질이라면 GATT 제20조를 적용하기란 사실상 불가능할 겁니다. 생산과 공정 방법에 기술적 차이가 있다는 이유로 동종 제품에 차별적인 무역규제 조치를 취하는 것은 WTO 정신에 정면으로 위배되기 때문입니다.

하지만 탄소는 엄연히 글로벌 오염 물질입니다. 수출국에서 배출하는 탄소는 기후변화를 일으켜 수입국 국민의 생명과 안전에 부정적 영향을 미치죠. 이를 해결하기 위해 탄소국경조정제도를 도입한다면, GATT 제20조 (b)항에서 명시하고 있는 자국민의 생명을 보호하기 위한 정당한 조치에 해당할 소지가 적지 않습니다. 유럽연합은 전 세계에서 가장 실효성 높은 탄소 배출권거래제를 시행하고 있죠. 현재 EU-ETS에서 거래되는 배출권의 시장가격은 다른 어떤 나라에서의 탄소가격보다 높은 수준입니다.

유럽연합으로서는 국가 간 높고 낮은 탄소가격 때문에 다른 나라들에서 더 많은 탄소가 배출되는 상황을 우려할 수 있습니다. 하지만 이보다 더 중요한 문제가 있습니다. 유럽연합은 'Fit for 55'라는 탄소 감축 목표를 설정하여 1990년 대비 2030년까지 온실가스를 55% 줄이겠다는 야심 찬 계획을 갖고 있습니다. 그러나 유럽연합의 강력한 탈탄소 정책에 부담을 느낀 역내 산업과 기업이 해외로 이전하게 된다면 탄소저감 효과는 반감될 수밖에 없죠. 유럽에서 줄어든 탄소 배출이 타 지역에서 늘어나는 제로섬 현상이 발생하기 때문입니다. 유럽연합은 이 같은 역외로의 탄소누출Carbon Leakage 가능성을 사전에 차단하기 위해서라도 탄소국경조정제도가 필요하다는 주장을 펴고 있습니다. 기업의 해외 탈출로 인해 유럽 내 산업공동화가 일어나는 건 물론이고요.

여러분, 이런 상황에서 유럽연합은 무슨 생각을 할까요? 다른 나라에서 일어나는 탄소 배출 때문에 자국민이 기후피해를 당하게 된다면, 양국 탄소가격의 차이만큼 수입규제를 가하겠다는 생각이 들지 않을까요? 유럽연합의 입장은 분명해 보입니다. '모든 나라는 자국 내에서 배출하는 탄소에 대해 적정한 비용을 부담해야 한다. 그렇게 하지 않는다면 그들의 탄소 배출 때문에 우리 국민의 건강과 생명이 위협받는다. 이는 비합리적이고 불공정하다. 이것이 탄소국경조정제도가 도입돼야 하는 이유다.'

WTO의 무차별원칙은 동종 제품에 대한 동일 대우를 의미합니다. 그렇기 때문에 유럽연합은 탄소국경조정제도를 언급할 때 수입제품에 대한 '탄소세 부과'와 같은 표현을 사용하지 않습니다. 현재 유럽연합에서는 일부 국가들만이 탄소세를 부과하고 있고, 그 세율 또한 동일하지 않습니다. 만약 유럽연합 권역 내 제품에는 탄소세를 일관되게 부과하지 않으면서 수입제품에 대해서는 세금을 부과하는 조치를 취한다면, WTO 규정 위배라는 비판과 함께 통상 마찰이 발생할 가능성이 높죠.

이런 문제를 미연에 방지하기 위해 유럽연합은 탄소국경조정제도를 이미 15년 이상 시행해 온 배출권거래제와 연결할 계획입니다. 유럽연합에 소속된 모든 국가가 참여하고 있는 배출권거래 시장에서 결정되는 탄소가격을 탄소국경조정제도의 적용 기준으로 삼겠다는 계산이죠. 무역 분쟁 소지를 최소화하면서 원하는 목적을 달성하겠다는 매우 전략적인 접근이 아닐 수 없습니다. 유럽연합이 탄소국경조정제도를 도입할 근거를 GATT 제20조 환경 관련 예외 조항에서 찾는 데 더 이상 걸림돌이 없어 보이지 않나요? 유럽연합이 WTO 무역규범과 충돌하지 않으면서 탄소국경조정제도를 도입할 수 있을 것으로 자신하는 속내가 여기에 있다고 생각합니다.

유럽연합 집행위원회EU Commission와 유럽의회European Parliament가 제안하는 탄소국경조정제도의 밑그림은 이렇습니다. '수입업자는 수입한 상품의 원산지에서부터 내재한 탄소비용에 상응하여 탄소인증서를 구매한다. 내재한 탄소비용이 낮으면 낮을수록 수입업자가 지불해야 할 탄소비용은 커지게 된다. 대상 품목으로 철강, 시멘트, 비료, 알루미늄, 전력의 5개 산업을 고려하고 있으나, 여기에 더하여 유기물 기반 화학제품과 수소를

포함해 대상 산업을 더욱 확대하는 방안을 검토하고 있다.'

대상을 5개 산업에 한정할 경우 우리나라의 대(對) EU 수출에서 탄소국경조정제도의 저촉을 받는 수출 규모는 5% 정도로 추산합니다. 하지만 석유화학산업으로 적용 대상이 늘어날 경우 수출에 미치는 영향이 15%로 대폭 증가할 것으로 예상됩니다. 그만큼 수출에 미치는 부정적 영향이 커지는 셈이죠.

유럽의회는 탄소국경조정제도의 적용 범위 확대 역시 검토하고 있습니다. 처음에는 제품 생산 과정에서 직접 배출하는 탄소만을 포함하고자 했습니다. 하지만 한 걸음 더 나아가 간접배출, 즉 기업이 소비하는 전력을 생산할 때 발생하는 탄소까지 포함하는 방안을 고려하는 중입니다. 이것이 확정된다면 우리처럼 화석연료 발전 비중이 60%가 넘는 나라로서는 적지 않은 경제적 부담을 지게 될 수 있습니다.

앞에서 설명했듯이 탄소국경조정제도는 유럽연합의 탄소 배출권거래제와 연동하여 운영할 계획입니다. 이때 중요한 것이 할당 방식입니다. 만약 역내 기업에는 배출권을 공짜로 나누어 주는 무상할당을 적용하면서 수입품에 대해서는 탄소가격을 매긴다면 국제 무역규범의 무차별원칙에 어긋납니다. 따라서 탄소국경조정제도를 본격화하려면 유럽연합 역내에서의 유상할당 비중과 속도를 높여야 한다는 주장이 나옵니다. 애초에는 무상할당 비중을 점진적으로 축소하여 2035년에 완전 폐지하는 것으로 가닥을 잡았으나, 최근 유럽의회는 100% 유상할당을 2032년까지 조기 달성할 것을 전향적으로 검토하고 있습니다. 또한 유럽의회는 탄소국경조정제도의 도입 시기와 관련해서도 활발한 논의를 이어가는 중입니다. 시행 시기를 앞당겨야 한다는 주장이 나오기도 하고, 반대로 탄소국경조정제도가 불러일으킬 국제 통상질서와 역내 산업경쟁력, 개도국과의 갈등 증폭 가능성을 고려하여 도입 시기에 신중을 기해야 한다는 목소리도 존재합니다.

현재 전 세계는 기후위기와 에너지 공급망 교란, 전쟁과 탈세계화라는 거대한 소용돌이 속에서 한 치 앞을 내다볼 수 없는 살얼음을 걷고 있습니다. 여기에 탄소국경조정제도가 본격화한다면 철강과 석유화학 산업처럼 에너지 집약형 제조업이 주력 업종인 우리나라에 미칠 파장은 적지 않을 것입니다. 이 순간에도 글로벌시장에서 경쟁하고 있는 우리나라 기업들은 전 세계가 탈탄소 무역질서로 급속히 옮겨가고 있음을 온몸으로 체감하고 있습니다. 우리 경제가 나아갈 방향은 분명합니다. 탈탄소 에너지 정책을 신(新)산업정책과 연계하여 국가경쟁력을 높이는 핵심 어젠다로 삼아야 합니다. 그래야 우리 산업을 키우고 일자리를 지킬 수 있습니다.

정부 역할이 무엇보다 중요합니다. 기업이 탈탄소 기술을 개발하고 활용할 수 있도록 투자 환경을 개선하고 시장 불확실성을 없애며 정책 일관성을 유지해야 합니다. 기업에 대한 효과적인 재정 및 세제 지원도 중요하죠. 독일 정부로부터 배울 게 있습니다. 독일은 자국 철강산업의 탈탄소 기술개발을 촉진하기 위해 '탄소차액계약제도Carbon Contract for Difference, CCfD'라는 걸 도입했습니다. CCfD란 철강회사가 '수소환원제철'과 같은 탄소 감축 신기술을 도입하도록 촉진하기 위해 일정한 고정가격을 기준으로 정부가 지원금을 제공하는 제도입니다. 장기적으로 많은 돈이 들어가는 기술투자 의사결정에 수반되는 불확실성을 낮추는 효과가 있겠지요. 혁신적 탈탄소 기술개발에 기업이 두려움 없이 자금을 투입할 수 있도록 정부가 유인을 제공하는 것입니다.

방아쇠는 이미 당겨졌습니다. 기후재앙에 따른 인류 멸절을 막기 위한 성역 없는 노력이 본격화되고 있습니다. 그 핵심에 탄소국경조정제도가 있죠. GATT와 WTO 체제가 전통적으로 지향해 온 가치와 규범을 넘어서는 혁신적 기후정책의 산물이라고 할 수 있습니다. 이제 막 선진국 대열에 들어선 우리나라가 이 거대한 물결을 애써 부인하고 거스른다면, 한국 경제의 미래는 암울할 수밖에 없습니다. 당장 비용과 고통이 수반되더라도 튼튼한 탈탄소 경제를 구축하기 위한 모든 경제주체의 인식 전환과 동참 의지가 필요합니다. 이것이야말로 기후위기 시대, 대한민국의 지속가능한 미래를 실현하기 위해 필히 요구되는 담대한 선택일 것입니다.

6장

우리의 미래는 장밋빛인가, 회색빛인가?

"경제학자는 자신의 어제 예측이 오늘 실현되지 않은 이유를

내일 설명하는 일에 전문가다."

'피터 원칙Peter Principle'으로 유명한 캐나다의 교육학자 로렌스 피터Laurence Peter의 저서 『피터의 인용문Peter's Quotations: Ideas for Our Times』(1977)에 나오는 말입니다. 경제학의 분석과 경제학자의 예측이 자주 틀리는 것을 꼬집는 우스갯소리죠. 경제학은 과거와 현재의 자료로 미래의 경제 상황을 예측하고 정책 방향을 제시하는 학문입니다. 예측이 적중하면 신뢰와 명성을 얻지만, 그렇지 못할 때에는 비판과 비난으로부터 자유롭지 않습니다. 좀 더 예측력 높은 경제모형을 개발하기 위해 평생을 바치는 경제학자들도 종종 자신의 주장이 빗나가 곤혹스러워합니다. 미래의 본질은 불확실성임을 실감하는 것이죠.

기후변화가 화석연료에 기반한 경제활동의 결과물이라는 사

실이 밝혀지면서, 환경과 자원 문제가 글로벌 이슈로 떠오르고 있습니다. 최근에는 '기후변화의 경제학Economics of Climate Change' 이라는 분야가 생길 정도로 적지 않은 경제학자들이 기후문제를 주요 연구 주제로 삼고 있는 추세입니다. 하지만 제가 학부에 입학했던 40년 전만 해도 전 세계 어느 대학에도 기후변화를 주제로 과목을 개설한 경제학자는 없었습니다. 학부 4년 동안 140학점을 수강했지만, 제가 다녔던 경제학과에서 기후변화는커녕 환경을 본격적으로 다룬 경제학 과목조차도 찾아볼 수 없었죠. 20세기 후반 경제성장이나 국가 간, 계층 간 불평등 문제는 경제학이 다뤄야 할 중요한 영역으로 인식했지만, 몇몇 예외적인 경제학자들을 제외하고는 기후문제가 경제활동을 제약하는 주요 변수가 될 것이라고는 예상하지 못했습니다.

그렇다면 과학자들은 미래 예측에 특별한 능력을 지니고 있었을까요? 꼭 그렇지만도 않은 것 같습니다. 기후변화 이슈를 두고 과학계에서도 오랜 기간에 걸쳐 매우 다른 의견들이 대두됐으니까요. 기후문제는 일차적으로 자연과학의 영역이라고 할 수 있습니다. 기후변화란 현재의 기후 상황이 자연적 요인과 인위적 요인에 의해 지속적으로 변화하는 현상이기 때문이죠. 여기서 자연적 요인이라는 것은 대기가 해양, 바다 얼음, 육지 등 지구를 구성하는 다른 시스템과의 상호작용으로 인해 기후가 받는 영향을 일컫습니다. 화산폭발 때 분출되는 화산재나 미세먼지가 대기 중에 떠서 태양복사를 차단함으로써 기온이 낮아지는 경우를 예로 들 수 있습니다.

문제는 인위적 요인, 즉 인간의 경제활동 때문에 기후변화가 발생하는가 여부에 있습니다. 지난 수십 년 동안 20세기 들어 과연 지구 온도는 지속적으로 상승하고 있는가, 만약 그렇다면 그 원인은 무엇인가를 두고 과학계에서 엄청난 토론이 있었습니다. 지구온난화를 부정하는 전문가와 인정하는 학자들 사이에 감정싸움이 생겨날 정도로 치열하게 논쟁했습니다. 오늘날 절대 다수의 과학자가 기후변화는 실재하는 현상이며, 그 이면에는 인간 활동이 존재한다는 사실을 받아들이게 된 데에는 이러한 과학계의 학문적 노력이 깔려 있습니다. 그 과정에서 끊임없이 오류가 수정되었고 연구는 정교하고 치밀해졌죠.

기후변화에 관해 국제적으로 가장 권위 있는 기구는 UN 산하 '기후변화에 관한 정부 간 패널Intergovernmental Panel on Climate Change, IPCC'입니다. IPCC는 기후변화 문제에 대처하기 위해 1988년 유엔환경계획UNEP과 세계기상기구WMO가 공동으로 설립한 국제기구로, 기후변화를 과학적으로 규명하기 위한 전문가들의 모임이죠. 기후변화 현상에 대한 학술적 검토, 기후변화가 생태계와 사회경제에 미치는 영향과 피해, 그리고 기후변화 해결을 위한 대안 제시를 목표로 활동하고 있습니다. 1990년 『제1차 평가보고서Assessment Report, AR』를 발간한 이래, 2022년 『제6차 평가보고서』가 막 세상에 나왔습니다.

2014년 IPCC가 펴낸 『제5차 평가보고서』에 기후변화와 인간의 관계에 대한 중요한 사실이 적시돼 있습니다. 보고서는 20세기 중반 이후 '인간 활동'이 기후변화를 야기하는 가장 중요한 인자일 가능성이 '거의 확실Extremely Likely'하다고 진단했습니다. 여기서 '거의 확실'하다는 표현은 확률 95% 이상을 의미한다는 설명도 덧붙였고요. 화석연료 소비와 대규모 벌목에서 방출되는 이산화탄소, 가축 분뇨에서 나오는 메탄CH4 등의 온실가스가 지구를 뜨겁게 만들고 있다는 것입니다. 천연자원과 산림, 축산은 인간이 주체가 된 생산과 소비 과정에 필수불가결한 요소임은 물론입니다. 인간의 경제활동이 기후변화라는 거대한 자연현상을 야기하고 있다는 것을 공식적으로 인정한 셈입니다.

그렇다면 우리의 미래는 어떤 모습일까요? 많은 미래학자가 이 질문에 대한 해답을 구하고자 애썼습니다. 기후위기와 자원 고갈에 따른 인류 재앙의 서곡은 이미 시작된 것일까요, 아니면 경제활동 방식의 혁명적 변화를 통해 기후변화라는 난제를 극복할 수 있을까요. 이 문제에 대한 답을 얻기 위해 먼저 한 시대를 풍미했던 경제학의 대가들이 인류의 미래에 대해 품었던 생각을 살펴보고자 합니다. 지금 시점에서 100~200년 전 학자들의 주장을 음미해 본다면, 당시의 진단과 예측이 얼마나 정확했는지 훨씬 냉철하게 판단할 수 있을 테니까요.

자원에 한계는 있는가?

18세기와 19세기는 고전학파 경제학Classical Economics이 꽃피운 시기였습니다. 그 중심에 근대 경제학의 아버지로 일컬어지는 애덤 스미스가 있습니다. 스미스가 활동하던 18세기 중후반은 영국에서 산업혁명이 태동하던 시기로, 기술 발전 덕분에 농업 생산과 제조 공장에서의 대량생산이 가능해진 때였습니다.

스미스의 사상은 1776년 출간된 『국부론』에 잘 나타나 있습니다. 그는 '보이지 않는 손'으로 일컬어지는 시장에서의 가격 기능이 자원의 효율적인 배분을 가능하게 할 것이라고 주장했습니다. 그에 따르면 지속적인 경제성장의 핵심은 노동의 분업입니다. 최종 생산품을 생산하기 위한 일련의 과정을 다수의 노동자들이 분담하여 전문화함으로써 시간과 비용을 줄이고 생산성을 높일 수 있을 것으로 보았죠. 높은 생산성으로 노동자에게는 높은 임금을, 기업에는 많은 이윤을 가져다주는 윈윈Win-win이 가능할 것으로 파악했습니다.

농업은 인간 생존을 위해 가장 중요한 기간산업입니다. 애덤 스미스는 농산물에 대한 지속적인 수요 증가를 충족시킬 수 있는 여분의 토지가 충분히 존재한다고 생각했습니다. 또한 기존 토지에서도 기술개발을 통해 농업 생산성을 더 높일 수 있을 것으로 보았죠. 미래에 대해 다분히 낙관적인 인식을 갖고 있었다고 할 수 있습니다. 나아가 공산품의 생산 비중이 커지면서 농업의 상대적 비중은 줄어들 것으로 보았습니다. 스미스가 상상한 세계는 인간이 자신의 이익을 극대화하기 위해 최선의 노력을 다하는 이상, 지속적인 성장이 가능한 곳이었습니다. 스미스에게는 이제 과거의 기득권을 상징하는 '왕권' 국가가 아닌, 새롭게 등장한 자본가가 왕성하게 활동할 수 있는 '시장'이 부가가치의 원천이었죠.

이 당시에도 인구 증가와 도시화에 따른 도심 빈곤층 증가와 같은 사회적 문제가 있었습니다. 하지만 애덤 스미스는 이러한 성장의 부정적인 이면들이 성장의 발목을 잡을 정도로 심각하다고 보지는 않은 듯합니다. 또한 농업 이외에 토지가 제공하는 중요한 부가가치인 광물, 에너지, 산림 등 자연자원의 이용 가능성도 당분간 충분할 것으로 예측했습니다. 자원고갈 문제가 성장을 억제하는 상황은 발생하지 않으리라고 보았던 것이죠.

시장과 경제성장에 대한 스미스의 인식체계는 후대의 경제학에 큰 영향을 미쳤습니다. 오늘날 자원고갈과 환경오염 우려에 대한 다수 경제학자들의 반응은 스미스처럼 시장의 힘과 기술 발전에 신뢰를 보이는 것이라고 요약할 수 있습니다. 자연자원의 희소성이 시장에서의 가격조정을 통해 새로운 대안을 찾는 노력과 기술개발 유인을 촉발할 것으로 보는 거죠. 환경문제 역시 인류의 지혜와 문제해결 능력에 기초한 기술혁신을 통해 대부분 해결할 수 있을 것으로 진단하고요.

20세기 후반 '현재의 성장 패턴이 지속된다면 자원고갈로 인해 세계 경제는 파국을 면치 못할 것'이라는 경고를 담은 '성장의 한계' 학파가 등장했을 때 주류 경제학계의 비판 논리는 간단했습니다. 성장의 한계 학파는 시장 기능과 기술 발전 가능성을 무시하는 심대한 오류를 저지르고 있다는 것이었습니다.

한편 애덤 스미스는 그의 초기 저작인 『도덕감정론The Theory of Moral Sentiments』(1759)을 통해 인간 윤리의 중요성을 강조하기도 했습니다. 스미스의 포괄적인 사회경제 이론에 근거하여 환경과 자원 문제에 대한 그의 사상을 재조명할 필요성이 있음을 시사하는 부분입니다.

애덤 스미스보다 약 40년 늦게 태어난 영국의 성직자이자 경제학자로 토머스 맬서스Thomas Malthus가 있습니다. 그는 스미스가 바라본 미래와는 아주 다른 세상을 예견했죠. 지속적인 성장이 이루어지는 장밋빛 경제가 아니라, 성장은 멈추고 인류는 오직 생존을 위해 투쟁해야 하는 잿빛 경제가 도래할 것으로 보았습니다. 그의 주장의 밑바닥에는 농업생산에 필요한 토지 공급의 제한성, 수확체감의 법칙The Law of Diminishing Returns, 지속적 인구 증가라는 세 요소가 자리 잡고 있습니다.

1798년 출간한 맬서스의 대표작 『인구론An Essay on the Principle of Population』을 살펴볼까요? 맬서스에 따르면 농사지을 수 있는 땅은 제한돼 있기 때문에 농경지를 무한정 늘려나갈 수 없습니다. 이를 극복하려면 땅을 개량해서 단위 면적당 생산성을 높여야 하죠. 그는 설사 전체 농업 생산량이 늘어난다고 해도 추가적으로 얻을 수 있는 농산물은 결국 감소할 수밖에 없다고 보았습니다. 수확체감의 법칙이 적용되는 것이죠.

반면 맬서스는 인구가 폭발적으로 증가할 가능성이 높다고 주장했습니다. 그는 전쟁이나 전염병과 같은 외적 충격이 없다면, 인구는 25년마다 두 배로 늘어나는 기하급수적 증가 현상을 보일 것으로 예측했습니다. 연평균 3%에 가까운 엄청난 인구 증가율인 거죠. 맬서스는 이렇게 말했습니다.

> "전체 농지는 제한된 상태에서 수확체감마저 존재한다면 식량은 기껏해야 산술급수적으로 늘어날 따름이다. 식량 생산이 인구 증가를 따라가지 못하기 때문에 모든 사람에게 충분한 식량을 공급할 수 없으며, 결국 인간의 삶의 질은 생존 수준으로 떨어질 수밖에 없다. 충분한 식량 공급이 가능하다고 해도 그로 인해 인구 증가는 더욱 가속화될 것이다. 식량 공급의 한계 때문에 장기적으로 인구 증가는 멈추고 경제는 더 이상 성장하지 못하게 된다."

맬서스는 인류 생존을 위한 토지의 중요성과, 자연이 제공하는 환경용량Carrying Capacity의 한계를 지적한 최초의 경제학자입니다. 그에 따르면 인간이 활용할 수 있는 자연자원의 본질적

제한성과, 인간의 성적 욕구에 따른 인구 증가 사이의 괴리로 인해 인류는 파국적인 종말을 맞이할 수밖에 없습니다. 심지어 맬서스는 저소득층의 다산(多産)을 우려하고 비판했죠. 자녀에게 밥을 먹일 여력이 없는데, 계속해서 아이를 출산하는 것은 무책임하다는 겁니다. 자칫 극단적으로 보일 수 있는 이러한 주장은 19세기 이후 우생학(優生學)이 본격 등장하는 데 영향을 미친 것으로 평가받기도 합니다.

흥미로운 사실은 맬서스의 인구-식량 이론은 신(新)맬서스주의자Neo-Malthusian들에 의해 오늘날에도 여전히 지지되고 있다는 것입니다. 경제가 더 이상 성장할 수 없는 결정적인 제약조건이 맬서스에게는 '토지'였다면, 현대의 신맬서스주의자에게는 화석연료와 같은 '자원'으로 바뀌었을 뿐이죠.

맬서스와 동시대에 활동한 데이비드 리카도David Ricardo는 당시 경제학의 중요한 논제였던 자본축적과 경제성장 이론의 완성자라고 할 수 있습니다. 리카도는 자유로운 시장경제에서 기업가의 이윤 확보 동기가 발현될 때 자본축적은 극대화될 수 있으며, 이것이야말로 경제성장의 동력이라고 주장했습니다. 시장경제의 중요성을 강조했다는 측면에서 애덤 스미스와 곧바로 연결됩니다. 또한 리카도는 맬서스의 고정된 토지 공급 이론에서 탈피하여 토지 비옥도의 차이에 입각한 토지이론을 완성했습니다. 이로부터 그의 유명한 '차액지대론'이 나왔습니다.

경제성장이 완전히 멈춘 정체상태Stationary State를 예측한 맬서스의 비관적 미래상은 리카도에 이르러 이론적 완결성을 이뤘습니다. 농업 생산성 향상과 추가적인 토지 공급이 이루어지는 상황에서도 여전히 농산물에 대한 수확체감 법칙은 적용되는 것이었죠. 그는 생산성 향상에 따른 임금 상승은 인구 증가를 가져올 것이고, 이는 결과적으로 농산물 공급량의 상대적 부족과 생존 수준으로의 임금 하락을 유발할 것으로 보았습니다. 이윤 증가에 따른 자본축적 과정 역시 수확체감 때문에 지속될 수 없고, 궁극적으로는 추가적인 자본축적과 성장이 불가능한 정체상태로 들어간다는 것이죠.

리카도에게 기술 발전은 농업 생산성을 증가시킬 중요한 요소임에 틀림없으나, 생산체감을 극복할 정도의 힘은 발휘하지 못하는 것이었습니다. 맬서스와 마찬가지로 리카도에게 인구 증가는 지속적인 경제성장을 불가능하게 하는 주요 요인 중 하나였습니다.

19세기 후반에는 이른바 신고전학파Neoclassical 경제학이 태동하였습니다. '한계혁명Marginal Revolution'으로 일컬어지는 경제학계의 새로운 물결은 미시분석을 꽃피우게 했죠. 그 정점에 영국의 경제학자 앨프리드 마셜Alfred Marshall이 있습니다. 케임브리지 대학University of Cambridge 유일의 경제학 분야 정교수였던 그는 수요함수, 가격탄력성, 소비자잉여 등 수요공급 이론을 근간으로 하는 현대 미시경제학의 토대를 정립한 학자입니다. 오늘날 환경문제를 설명하는 주류 경제학의 핵심 개념인 '외부경제External Economy' 혹은 '외부효과Externality'를 최초로 제시한 인물도 마셜 교수였습니다. 그는 산업발전에 따라 시장 밖에서 대가 없이 기업가들에게 주어지는 이익이 존재한다고 주장하며, 이를 외부경제라는 개념을 통해 설명했습니다. 반대로 시장 밖에서 '이익'이 아닌 '피해'가 주어지는 대표적인 경우가 바로 환경오염인 셈이죠.

마셜에 앞서 오늘날 주류 경제학의 모태가 된 신고전학파 경제학의 문을 연 학자가 한계효용이론Marginal Utility Theory을 주창한 영국의 스탠리 제번스Stanley Jevons입니다. 47세라는 이른 나이에 타계한 그는 수학적 방법론을 경제학에 접목한 최초의 경제학자로 평가받고 있습니다. 아이러니하게도 제번스는 자원의 희소성 문제에 관해서는 맬서스-리카도 식의 고전학파적 생각과 맥을 같이했습니다. 다시 말해 비관론적 관점에서 미래를 전망했던 것이죠.

1865년에 출간한 『석탄 문제The Coal Question』에서 제번스는 영국 산업혁명의 근간이 되었던 핵심 생산요소인 석탄의 고갈이 향후 심각한 문제로 부각될 것이라고 경고했습니다. 증가하는 석탄 수요를 공급이 따라가지 못함으로써 50년 내에 영국 경제의 발목을 잡을 것이라고 주장했죠. 석탄 수요의 폭발적 증가와 50년 정도의 채굴량밖에 남지 않은 석탄 공급의 한계라는 모순에 직면하게 될 것이라는 예측이었습니다.

그러나 그의 예측과 달리 오늘날 석탄은 여전히 세계적으로 매장량이 가장 풍부한 화석연료입니다. 당대 최고 경제학자였던 제번스도 자원의 희소성 문제에 대해서는 과도한 비관론에 빠져 있었던 셈이죠. 석탄 매장량을 턱없이 과소 추정하고, 당시 본격적인 채굴과 기술개발이 이루어지고 있던 석유와 천연가스와 같은 대체 에너지원을 간과한 데서 생겨난 학문적 오류였습니다. 심지어 케인스의 증언에 따르면 선배 학자인 제번스는 종이를 만드는 원료인 펄프의 고갈 가능성을 고민하다 못해 엄청난 양의 종이를 모으기 시작했다고 합니다. 컴퓨터가 없던 시절, 종이 없이는 자신의 주장을 펼칠 수 없었기에 그로서는 선택의 여지가 없는 궁여지책이었는지도 모르겠습니다. 제번스 사후 50년, 그의 손주들은 할아버지가 모아둔 종이를 여전히 다 사용하지 못했다는 웃지 못할 얘기가 전해집니다.

20세기 경제학을 얘기하면서 존 메이너드 케인스John Maynard Keynes를 빼놓을 수 없습니다. 코로나 이후 전 세계적인 경제 침체와 맞물려 케인스의 경제 해법이 다시 부각되고 있습니다. 케인스의 주된 관심은 눈앞에 닥친 실업 문제를 해결하기 위한 거시경제 처방에 있었습니다. 하지만 별도의 저작을 통해 인류가 살아갈 미래상과 삶의 질에 대한 자신의 견해를 피력하기도 하였죠.

그가 1930년에 발표한 「우리 후손을 위한 경제적 가능성」[12]이라는 제목의 에세이를 살펴볼까요. 케인스는 경제적 비관주의가 세계를 휩쓸고 있을 대공황의 한복판에서 100년 후의 인류는 지금보다 훨씬 행복할 것이라는 낙관주의를 설파했습니다. 절대 빈곤은 사라질 것이고, 인구 증가 속도도 훨씬 완만해질 것이며, 무엇보다 지속적인 자본축적과 기술진보로 대부분의 경제문제는 해결될 것으로 예측했죠. 일부 앞선 국가에서의 삶의 질은 네 배에서 여덟 배, 아니 그 이상으로 증가할 수 있다고 보았습니다.

그보다 한 세대 앞선 경제학자인 제번스와 달리 인류의 미래에 관한 전망에서 케인스는 확실한 낙관론자였습니다. 그는 "길게 보면 우리 모두는 죽는다"라는 유명한 말을 남기기도 했죠. 경제정책에서 실업과 같은 당장 시급하고 위중한 문제를 해결하는 것의 중요성을 강조한 말이겠으나, 동시에 미래에 대한 케인스의 낙관적 인식 체계를 짐작할 수 있는 단면이기도 합니다.

현대에 이르러서도 마찬가지입니다. 학자들은 저마다의 논거로 미래를 아주 밝게, 혹은 매우 어둡게 그려왔죠. 미래에 대한 사람들의 예측이 얼마나 크게 빗나갈 수 있는가를 보여주는 극명한 사례들이 있습니다. 그것도 평범한 사람이 아닌 당대 그 분야를 이끈 세계적인 전문가의 주장임을 잊지 말기 바랍니다.

독일의 엔지니어인 카를 벤츠Karl Benz는 세계 최초로 휘발유 엔진을 개발한 기술자로 기록되어 있습니다. 그의 이름이 붙은 고급차가 지금도 세계 곳곳에서 팔려나가고 있죠. 하지만 그는 "향후 전 세계 자동차 시장은 100만 대를 넘지 못할 것이다"[13]라고 말했다고 알려져 있습니다. 자동차 운전이 가능한 전문 기사를 일정 수 이상 훈련시키는 것이 사실상 불가능하다는 이유에서였습니다. 자동차의 아버지인 벤츠가 이런 주장을 했다니 놀랍지 않습니까. 2016년 현재 승용차와 버스, 트럭을 포함한 전 세계 자동차 대수가 13억 2000만여 대임을 알고 나면 실소를 금할 수 없는 대목이죠.

자원고갈에 대한 두려움의 중심에는 석유 매장량이 있습니다. 1920년 미국 지질 조사소는 당시 시점으로 미국 석유 매장량이 70억 배럴에 불과하다고 발표했습니다. 연간 소비량을 감안하면 정확히 14년 후에 고갈될 것이라고 예측했죠. 하지만 막상 1934년이 됐을 때 미국은 같은 기간 동안 총 120억 배럴의 석유를 국내에서 생산하였으며, 나아가 120억 배럴이 추가로 매장되어 있음을 확인했다고 합니다.

그 후로도 석유 매장량에 대한 과소 예측과 연이은 수정치 발표는 계속되고 있습니다. 2000년 현재 지구상에는 약 3조 배럴의 석유가 저장된 것으로 추산하고 있는데, 석유 생산이 특정 시점을 기준으로 급격히 감소할 것이라는 '석유 정점Peak Oil'의 존재와 시기에 대한 논쟁은 여전히 현재진행형입니다. 사실

석유 매장량 예측보다 더 중요한 문제가 따로 있습니다. 과연 기후위기 시대에 끊임없이 탄소를 배출하는 석유 기반 경제를 존속시킬 것인가 하는 근본적인 물음에 우리가 직면해 있다는 사실입니다.

이와는 반대로 과학기술에 대한 지나친 낙관론에 빠져 미래를 잘못 전망한 경우도 적지 않습니다. 영사기를 발명한 토머스 에디슨Thomas Edison은 1913년 한 언론과의 인터뷰에서 "앞으로 책은 더 이상 사용되지 않을 것이다. 인류의 모든 지식은 영화를 통해 가르칠 수 있다. 10년 안에 학교 교육은 완전히 바뀌게 될 것"[14]이라고 말했습니다. 그러나 컴퓨터가 일상화된 오늘날에도 책을 만들어내기 위한 펄프의 소비량은 줄지 않는 것이 엄연한 현실이죠.

미래에 대한 극단적 낙관론자로 미국 랜드RAND 연구소에 근무했던 허먼 칸Herman Kahn을 빠뜨릴 수 없습니다. 핵 전략가이자 1세대 미래학자였던 그는 1967년에 출간한 『서기 2000년The Year 2000』에서 향후 33년간 기술혁신이 확실시되는 100가지를 나열했습니다. 이 중에는 가정용 비디오 기기 보급이나 기업에서의 대형 컴퓨터 보편화 등, 실제로 현실화된 기술도 적지 않습니다. 그러나 칸이 제시한 100개의 미래 기술 중 80개 정도는 현재까지 실현되지 않았거나, 실현 여부에 대한 평가가 모호한 것들입니다. 예를 들어 핵연료를 이용한 토지 굴착과 자원 채굴, 인공 달(月)을 이용한 도심에서의 야간 조명, 바닷속 해저 도시, 기후와 환경을 제어하는 기술 등이죠. 기후를 좌지우지할 수 있다는 그의 예언이 아무런 생태적 부작용 없이 실현된다면 이 책의 주제인 기후변화는 더 이상 인류에게 위협이 되지 않을지도 모릅니다.

허먼 칸은 1976년에 발표한 『다가올 200년The Next 200 Years』에서 2176년이 되면 지구의 총인구는 150억 명에서 안정적으로 유지되고, 인류의 1인당 평균 소득은 1976년 당시의 1300달러에서 2만 달러 수준으로 증가할 것으로 예측했습니다. 최빈국과 개도국 국민들도 기술진보로 예외 없이 경제성장의 과실을 누림으로써 전 세계가 풍요 속에 살게 될 것이라고 주장했죠. 비관론자들의 암울한 미래상과는 완전히 상반된 유토피아 세상을 꿈꾸었던 것입니다. 아직도 전기의 혜택을 온전히 누리지 못하고 절대 빈곤에 허덕이는 지구촌 인구가 10억 명에 달하는 현실에서 인류의 빈곤문제가 완전히 사라진 미래를 자신 있게 말할 전문가가 오늘날 과연 몇 명이나 있을지 자못 궁금해집니다.

20세기 후반에 들어서면서 자원고갈 가능성과 더불어 대기오염과 수질오염, 나아가 지구 차원의 환경문제가 본격적으로 등장하기 시작했습니다. 이즈음 생태경제학의 지평을 개척한 학자로 평가받는 케네스 볼딩Kenneth Boulding은 자신의 대표 논문인 「도래하는 우주선 지구의 경제학」[15]을 발표했습니다.

볼딩은 주류 경제학이 생산과 소비의 순환을 설명하는 과정에서 생산에 필요한 요소가 자연으로부터 '무한대'로 공급될 것이라는 오류를 암묵적으로 가정하고 있다고 비판했습니다. 그에 따르면 지구상에서 이뤄지는 인류의 경제활동은 경제와 환경의 순환과정의 일부로 이해할 필요가 있으며, 이는 우주선 안에서의 생존과 본질적으로 동일합니다. 경제가 지속가능하기 위해서는 폐쇄된 환경에서 제한된 물자로 생존해야 하는 우주인의 생활방식을 수용하는 인식상의 일대 전환이 전제되어야 한다고 본 거죠. 볼딩은 자연으로부터 경제활동에 유입되는 모든 자원은 결국 이런저런 폐기물의 형태로 다시 자연으로 배출되기 때문에, 자원고갈과 환경오염은 결국 같은 문제라고 인식했습니다. 그의 주장은 성장만능주의에 대한 경고로서 생태

중심주의 사고에 큰 영향을 미쳤습니다.

성장에 대한 회의론은 1972년 로마클럽Club of Rome이 발간한 『성장의 한계』[16]에서 정점에 달했습니다. 이 책은 로마클럽의 의뢰로 MIT 대학의 데니스 메도스Dennis Meadows 교수 등이 시스템 이론과 시뮬레이션 기법을 활용하여 수행한 연구 결과물입니다. 책에는 '인류가 처한 곤경에 관한 프로젝트'라는 부제가 달려 있죠. 『성장의 한계』는 30여 개 언어로 번역되어 3000만 권 이상이 판매됐습니다. 첫 출간 이후 30여 년에 걸쳐 개정 2판까지 나왔으나, 세 권 모두에서 지구 경제 시스템 붕괴를 예측한 근본 메시지에는 변함이 없습니다. 언젠가 성장은 멈춘다는 결론이 시사하듯이 미래를 보는 시각은 맬서스주의와 연결되어 있고요.

이들에 따르면 성장을 결정하는 요인은 화석연료와 같은 재생 불가능한 자연자원인데, 이것은 무한정 공급될 수 없기에 궁극적으로 경제성장도 한계에 부딪힐 수밖에 없습니다. 이러한 주장을 컴퓨터 시뮬레이션을 통해 확인한 결과, 현재와 같은 방식의 생산과 소비 활동이 지속된다면 100년 이내에 지구 경제는 파국을 맞을 것으로 나타났습니다. 저자들은 자원고갈과 환경 파괴에 의한 인류의 비극적 종말을 막기 위해서는 제로성장을 감수할 정도의 획기적인 경제 시스템의 변화가 필요하다고 주장했습니다.

이 책은 학계에 커다란 파장을 가져왔습니다. 주류 경제학계에서는 로마클럽의 분석과 주장이 자원의 자율조정을 가능하게 하는 시장 기능을 무시했을 뿐만 아니라, 기술혁신을 통한 효율성 증진과 환경보전 가능성을 간과했다고 강하게 비판했죠. 성장의 지속 불가능성과 자원보전의 중요성에 대한 이들의 생각은 수많은 논쟁과 비판을 일으키면서 현재에 이르고 있습니다.

여러분, 어떻습니까. 자원과 환경문제에 대한 경제학자들의 진단이 참으로 다양하지 않나요? 시장과 기술의 역할이 인간의 지혜와 맞물릴 때 지속적인 성장이 가능할 것으로 낙관한 학자들이 있는가 하면, 인구폭발과 자원고갈, 환경오염을 동반한 현재의 경제성장 경로는 지속될 수 없다고 주장하는 비관주의자들도 적지 않죠.

1980년대 이후 성장과 보전의 조화와 통합을 목표로 하는 발전 전략을 지향하는 지속가능발전Sustainable Development 개념이 등장했습니다. 지속가능발전이라는 용어는 1980년대 초부터 사용되었으나, 그 개념에 대한 명확한 규정은 1987년 UN '환경과 개발에 관한 세계위원회The World Commission on Environment and Development, WCED'에서 발간한 『우리 공동의 미래Our Common Future』에서 이루어졌습니다. 이 보고서는 당시 WCED 위원장이었던 노르웨이 수상의 이름을 따서 '브룬틀란Brundtland 보고서'라고도 불립니다.

지속가능발전에서는 기존의 낙관적 경제성장론이 갖는 한계성을 인정하여 진정한 성장은 환경보전과 병행해 이루어지는 것이 바람직하다고 봅니다. 장기적으로는 자연자원의 보전이 뒷받침될 때 지속적인 경제성장이 가능하다고 주장하고요. 성장우선주의를 경계하면서도 동시에 성장의 한계와 같은 극단적 인식에서 벗어나 현재 세대의 노력 여하에 따라 성장과 보전 사이에 조화가 가능하다는 신중한 접근을 취하고 있습니다.

지속가능발전 전략에 따르면, 우리는 현재 세대와 비교하여 미래 세대의 후생이 떨어지지 않도록 자연자원과 환경의 질을 유지시켜 주는 성장 경로를 밟을 필요가 있습니다. 이를 위해서 자연자원을 효율적으로 사용할 수 있는 과학기술의 발달과, 환경친화적인 경제시스템을 구축하기 위한 실질적인 노력이 병행되어야 함을 강조하였죠.

21세기가 시작된 지 20여 년이 된 지금, 앞으로 인류의 미래는 어떻게 전개될까요? 현재 인류는 코로나 바이러스에 의한 질병위기와 그에 따른 경제위기, 그리고 그 근저에 있는 기후위기라는 3중 복합위기의 어두운 터널을 지나는 중입니다. 성장주의에 입각한 낙관론과 자원과 환경의 고갈과 파괴라는 비관론의 중간 정도에 위치한 지속가능발전 전략은 인류가 지향해야 할 제3의 미래 경로가 될 수 있을까요? 참으로 쉽지 않은 질문입니다.

하지만 한 가지는 분명히 말할 수 있지 않을까요. 미래에 대한 잘못된 예측에서 우리가 얻을 수 있는 교훈이 있습니다. 자원과 환경문제와 관련하여 극단적 비관론이나 낙관론 모두 경계해야 한다는 것입니다. 전자는 우리로 하여금 지속가능한 미래를 위해 아무 노력도 하지 않는 자포자기 행태에 갇히게 합니다. 후자는 우리가 아무리 무책임하게 행동해도 문제가 되지 않을 것이라는 허구적 착각에 빠지게 만들고요. 무엇보다 나중에 '후회하지 않을No-regret' 정책과 행동을 고민하며 실천하는 것이 중요할 것입니다.

에너지를 절약하고, 효율성을 높이며, 재생에너지를 확대하는 노력은 후회하지 않을 정책의 관점에서 누구나 동의할 수 있는 공통과제입니다. 이는 기후위기에 대응하여 미래의 불확실성과 충격을 줄일 수 있는 선제적 과제라고 할 수 있습니다. 인류의 생존, 미래 세대에 대한 책임성과 형평성, 지구 경제의 지속가능성을 위해 나와 우리가 지금 무엇을 해야 할 것인가를 깊이 성찰해야 할 때가 아닌가 합니다.

2

기후의 언어로
경제를 말하다

2부는 1부보다 훨씬 현장감 있는 이야기를 담았습니다. 1부가 이론편이라면, 2부는 실전편이라고 말할 수 있을 겁니다. 제가 2부에서 여러분께 던지고 싶은 메시지는 분명합니다. 기후위기는 곧 경제위기라는 사실입니다. 뜨거워진 지구는 우리의 일상생활부터 기업의 경영전략에 이르기까지 인류의 경제활동 전반에 근본적인 변화를 요구하고 있습니다. 적응하고 앞서가지 못한다면 도태할 수밖에 없는 것이죠. 위기에는 기회가 잠재해 있습니다. 기후위기에 적극 대응함으로써 탈탄소경쟁력을 키워야 합니다. 그린에 디지털을 더한 쌍둥이 전환Twin Transformation이야말로 기후위기 시대, 지속가능한 한국 경제를 위한 필수 전략입니다. 맞습니다, 결코 쉬운 길이 아니죠. 그러나 가야 하고, 갈 수밖에 없는 길입니다. 그럼 지금부터 기후위기를 경제성장의 기회로 삼는 비결을 알아볼까요?

7장

기후가 집값과 경제성장률에 미치는 영향

저는 에코 이코노미스트, 환경과 경제를 함께 고민하는 경제학자입니다. 환경과 경제라는 단어가 붙어 있는 것을 의아하게 여기는 분들이 있습니다. 환경과 경제는 상충된다는 선입견 때문이죠. 그러나 사실은 전혀 그렇지 않습니다. 환경과 경제는 떼려야 뗄 수 없을 정도로 밀접한 관련이 있습니다. 왜 그럴까요? 대표적인 환경문제인 기후변화를 예로 들어보겠습니다. 기후문제의 원인, 결과, 해결 방법 모두 돈, 다시 말해 경제활동과 연결돼 있습니다. 한마디로 기후의 시작과 끝이 돈과 관련돼 있다는 것이죠. 돈을 벌고 돈을 사용하다 보니 탄소가 발생해서 기후문제가 생기고, 그 결과 우리는 폭염과 가뭄, 홍수로 인해 경제적 피해를 입게 되며, 이걸 해결하려면 개인이든 기업이든 정부든 돈을 쓸 수밖에 없습니다.

여러분께 질문 하나를 드리겠습니다. 다음 중 기후와 관계없는 단어를 찾아보세요.

기생충

집값

시험성적

경제성장률

아기 울음소리

우울증

치매

야구

'집값'이나 '야구'는 기후와 무관하지 않나 생각하실 수도 있을 겁니다. 하지만 여기 있는 단어들은 모두 기후와 관련이 있습니다! 놀라셨나요? 먼저 기생충에 대해 얘기해 보겠습니다.

비가 쏟아지는 어느 날, 부잣집 아들 다송은 드넓은 마당에 인디언 텐트를 치고 놉니다. 유명 건축가가 지었다는 집 안 거실에서 부모는 그 모습을 흐뭇한 눈으로 지켜보고요. 반면 반지하에 사는 기택의 집은 상황이 다릅니다. 그야말로 집이 폭우에 무방비 상태로 노출되면서 허리춤까지 차오른 물을 더 이상 퍼낼 수도 없습니다. 기후변화로 폭우가 빈번하게 발생한다면 소득과 자산 양극화에 따라 계층별로 피해 정도가 극명하게 갈릴 것임을 보여주는 장면입니다.

실제로 2021년 가을 기록적인 폭우와 돌발 홍수가 뉴욕을 덮치며 50여 명이 목숨을 잃었습니다. 예기치 못한 자연재해는 연령, 성별, 계층에 상관없이 곳곳을 쑥대밭으로 만들지만, 뉴욕의 폭우 피해에서 눈여겨볼 점은 사망자의 80%가 지하층에 거주하는 저소득층이었다는 사실입니다. 기초과학연구원과 미국 국립대기연구센터는 최근 '80년 후의 지구 기상'이라는 SF 영화와 같은 연구 결과를 내놓았는데요, 지금보다 남극의 넓이가 42%가량 쪼그라드는 80년 뒤에는 일부 지역에서 하루 800밀리미터가 넘는 물 폭탄이 종종 쏟아질 것이라고 합니다. 더 이상 영화 〈기생충〉 속 적나라한 아픔이 영화 속 상상에만 그치지 않으리라는 전망입니다.

빈부격차는 기후문제에도 있다

하버드 대학 연구팀은 기후가 부동산 시장에 미치는 영향에 관한 흥미로운 논문을 발표했습니다.[17] 이 연구는 이른바 '기후 젠트리피케이션Climate Gentrification'을 본격적으로 다룬 논문으로 유명합니다. 원래 젠트리피케이션은 도심에 있는 낙후 지역이 경제적으로 활성화되면서 외부인과 돈이 유입되는 현상을 일컫습니다. 그 결과 부동산 가격과 임대료가 상승하여 원래 살고 있던 저소득 주민이 외지로 밀려나게 되는 거죠. 이것이 기후문제와 관련이 있다는 겁니다.

논문은 기후 젠트리피케이션이 일어날 가능성을 세 가지 경로로 설명합니다. 기후변화로 해수면이 상승하면 해안가 주거지의 침수 위험이 높아집니다. 그다음에는 어떤 일이 생길까요? 침수 위험에서 자유로운 고지대에 위치한 지역의 집값이 오르게 됩니다. 상대적으로 더 안전하다고 느낄 테니까요. 그러다 보니 해안가 고급 주택에 살던 고소득층이 고지대로 거주지를 이전하면서 기존에 살던 주민들을 외지로 밀어내는 일이 발생한다는 겁니다. 저자들은 이를 고소득층의 '우월한 투자 경로'에 따른 젠트리피케이션 현상이라고 불렀습니다.

미국 플로리다주 남쪽 해안가에 있는 마이애미시를 살펴볼까요. 이곳은 미국에서도 허리케인이 가장 많이 발생하는 지역입니다. 흥미로운 사실은 바다에 노출된 거주지에 비해 상대적으로 높은 위치에 있는 지역의 집값이 빠르게 상승한다는 것입니다. 이 지역의 인기를 반영하듯 지난 수십 년에 걸쳐 마이애미-데이드 카운티 내 주택가격은 전반적으로 꽤 올랐습니다. 여기서 눈여겨볼 것은 높은 위치에 있는 집값의 상승폭이 더 컸다는 사실입니다. 1971년을 기준으로 현재까지 해발 0~1미터에서 집값이 여덟 배 오른 데 비해, 해발 2~4미터에서는 그보다 높은 11.5배 상승했습니다. 과학자들은 향후 50년 내 이곳에서 해발 30센티미터 이하 거주지는 물에 잠길 것으로 예상하고 있습니다.

반대의 경우도 있습니다. 기후위험이 높은 지역에 거주하려면 비 피해를 줄일 수 있는 개인적인 투자가 필요합니다. 예를 들어 거주할 주택의 기초 단을 2~3미터 높여 집을 짓는다거나 집 주위로 방수벽을 설치하는 방법이 있겠지요. 그래야 비가 많이 오더라도 집 안이 물바다가 될 가능성이 낮아질 테니까요. 이런 지역에 살게 되면 손해보험이나 주택 수리, 교통비 등의 비용이 더 들 수도 있습니다. 저소득층 가구에는 감당하기 힘든 경제적 부담이 되겠죠. 결국 이들은 살던 지역을 떠나게 됩니다. 이것이 논문에서 말한 '비용 부담 경로'로 발생하는 젠트리피케이션입니다.

대표적인 사례로 '물의 도시'로 유명한 베네치아시를 들 수 있습니다. 이곳은 이탈리아 북부 베네치아만 안쪽 습지에 있는 도시입니다. 지반이 단단하지 않다 보니 수많은 나무 기둥을 깊이 박고 그 위에 대리석을 깔아 도시를 만들었습니다. 5세기경부터 도시 건설이 시작됐다고 하니 당시로서는 엄청난 투자와 노력을 들인 게 분명합니다. 지난 1600년 동안 베네치아는 크고 작은 비 피해에 노출됐습니다. 문제는 최근 들어 홍수 빈도와 강도가 훨씬 심해졌다는 것이죠. 2019년 베네치아에는 50년 만에 최악의 홍수가 닥쳤습니다. 수위가 160센티미터를 넘으면 베네치아시의 70%가 물에 잠기는데, 이때 최고 수위가 187센티미터에 달했습니다. 지반이 약해 도시가 조금씩 가라앉는 데다가 기후변화로 인해 아드리아해 해수면이 상승하면서 피해가 가중된 것입니다. 이러한 환경변화는 베네치아시의 생활 조건을 더욱 어렵게 만듭니다. 경제력이 일정 수준 뒷받침되지 않는다면 거주하기 힘든 지경에 이르는 것이죠. 논문 저자들은 기후변화로 인해 다양한 소득계층이 거주할 수 있는 베네치아시의 정주 조건이 악화하고 있다고 말합니다.

세 번째 형태는 논문에서 '회복력 투자 경로'로 부른 젠트리피케이션입니다. 지역사회가 홍수에 대비하여 회복력 향상을 위해 건물이나 인프라에 선제적인 공공투자를 실행하는 경우입니다. 예를 들어 주민 피해를 줄이기 위해 도시 전체에 빗물 터널이나 홍수 방벽을 설치하는 것이죠. 이러면 어떤 일이 벌어질까요? 홍수 위험이 낮아지면서 주택가치가 상승하고, 투자재원을 마련하기 위해 세금이 오를 겁니다. 저소득층 가구가 경제적으로 더는 감당하기 힘든 조건이 만들어지는 것이죠. 기후변화에 대비해 도시의 지속가능성을 높일 목적으로 시작한 도시설계가 아이러니하게도 계층 간 거주 형평성을 저해하는 결과로 이어집니다. 애초 의도와 다른 결과가 생겨나는 이 같은 상황을 빗대어 '녹색 젠트리피케이션'이라고 부르기도 하죠.

덴마크 사례를 들어볼까요. 수도인 코펜하겐 시내 성(聖) 키엘St. Kjeld 지구는 집중호우에 대비한 인프라와 생물다양성 구축, 도시 열섬 현상과 교통체증 완화를 대대적으로 추진한 지역으로 잘 알려져 있습니다. 기후위험에 효과적으로 적응할 수 있도록 도시 차원의 회복력을 높이고자 한 것이죠. 긍정적인 효과의 이면에 예상치 못한 부작용이 생겨났습니다. 성 키엘 지구 내 주거비용이 상승하면서 이곳의 저소득층 가구가 타 지역으로 원치 않는 이주를 하는 일이 생겨난 겁니다.

이처럼 기후변화는 다양한 방식으로 우리의 주거환경과 주거비용에 영향을 미치게 됩니다. 이 과정에서 가진 자와 가지지 못한 자 사이에 격차가 더욱 벌어질 수 있습니다. 주로 미국과 유럽 사례이기는 하지만, 삼면이 바다인 나라로 해수면 상승과 홍수에 상시적으로 노출돼 있는 우리나라에서도 언제든지 생길 수 있는 일이겠지요.

자연재해는 경제를 구원하는가? 파괴하는가?

기후는 한 나라의 경제성장에도 영향을 미칩니다. 이 흥미로운 주제에 대해서도 그동안 적지 않은 연구가 이루어졌죠. 연구 결과는 다양합니다. 자연재해의 경제적 피해가 생각보다 크지 않을 뿐 아니라, 오히려 '창조적 파괴'를 통해 경제성장을 촉진할 수 있다는 역설적 가설을 지지하는 연구들이 있습니다. 예를 들어볼까요? 열대성 허리케인의 영향권에 들어 있는 미국 해안 지역의 경제적 피해를 분석해 보았습니다. 그랬더니 허리케인이 발생한 해에는 지역 내 경제성장이 일부 줄어드나, 바로 그다음 해에 회복되어 경제성장률이 플러스로 돌아선다는 결과를 보여주었습니다.

반면 자연재해가 경제성장에 부정적인 영향을 미친다는 연구들도 많이 있습니다. 여기서 중요한 사실은 유사한 규모의 자연재해가 닥쳤을 때 개도국은 선진국에 비해 상대적으로 훨씬 더 큰 GDP 감소에 직면한다는 것입니다. 문해율(文解率)과 1인당 소득, 무역개방도와 정부지출이 높을수록 자연재해 충격을 이겨내고 거시경제에 미치는 부정적 영향을 최소화하는 데 유리하다는 결과도 함께 보여줍니다. 이처럼 자연재해가 국가경제에 미치는 단기 영향을 분석한 연구들을 보면 대상 국가와 기간에 따라 결과가 다르게 나타납니다.

한편 자연재해가 국가 경제에 미치는 장기적 영향에 대한 연구는 상대적으로 적습니다. 그런데 여기에도 상반된 주장이 있습니다. 자연재해가 장기적으로 경제성장을 촉진한다는 근거는 다음과 같습니다. 자연재해로 인한 피해로부터 경제가 회복하는 과정에서 인적자원의 질이 높아지고, 재해에 대응하기 위한 새로운 기술개발을 통해 경제성장이 이루어진다는 것이죠.

하지만 자연재해가 길게 보아 경제성장에 부정적이라는 연구도 있습니다. 버클리 대학과 시카고 대학 교수의 논문을 소개해 보겠습니다.[18] 이 논문에서는 1950~2008년 동안 전 세계에서 발생한 열대성 태풍이 각국의 경제성장률에 미친 누적 영향을 분석했습니다. 그 결과 태풍이 경제에 미치는 부정적 영향은 해당 시점부터 최소 20년간 지속되는 경향을 보였습니다. 특히 상위 90% 수준인 대형 태풍의 경우에는 태풍이 없다고 가정할 때와 비교하면 20년 후 평균적으로 1인당 국민소득을 7.4%나 낮추는 것으로 나타났습니다. 엄청난 차이죠. 또한 저자들은 인류가 경제성장을 선호하는 반면, 기후변화 대응에는 소극적일 것이라는 가정하에 장기간에 걸친 자연재해 증가로 GDP 손실이 얼마나 발생할지를 예측했습니다. 이 시나리오에 따르면 2100년 지구의 이산화탄소 농도는 720ppm에 달하고, 동아시아의 평균 기온은 현재보다 3.3℃ 상승합니다.

이 논문이 제시하는 매우 흥미로운 결과 중 하나는, 사회적 할인율 5%를 가정할 때 2100년까지 대한민국의 GDP 손실액이 현재 가치로 1조 달러에 달한다는 겁니다. 다른 나라는 어떻게 나왔을까요? 일본은 피해액이 4조 5000억 달러로 전 세계에서 압도적인 1위이고, 현재 시점의 GDP 대비 피해액 비율도

102%로 나타나 가장 높습니다. 그만큼 앞으로도 일본은 태풍으로 인해 심각한 경제적 피해를 입을 가능성이 높음을 보여줍니다. 필리핀은 경제 규모가 작기 때문에 피해액이 상대적으로 작지만, GDP 대비로는 83%로 세계 2위입니다. 한국은 피해총액 기준으로 일본과 중국에 이어 3위이고, GDP 대비로도 73%에 달해 일본과 필리핀 다음으로 3위입니다. 우리나라가 자연재해로부터 결코 자유롭지 않음을 보여주는 대목이죠. 이 논문에 따르면 전 세계적으로도 아시아 국가들이 자연재해 위험에 가장 많이 노출돼 있습니다.

기후가 파고든 우리의 일상

이 밖에도 기후와 관련한 흥미로운 경제학 논문이 많습니다. UCLA 박지성 교수 연구팀은 폭염이 학교 성적에 영향을 미친다는 사실을 밝혀냈습니다.[19] 미국 중고등학생 1000만 명을 대상으로 2001년부터 2014년까지의 학업성취 자료를 통해 얻은 결과입니다. 사회과학에서는 상당히 방대한 규모의 데이터라고 할 수 있지요. 미국 전역에 있는 학교를 대상으로 표준화된

집값과 거주지,
학교 성적과 경제 성장,
심지어 신생아 건강과
운동경기에 이르기까지

날씨와 기후는
크고 작은 인간 삶의 영역에서
커다란 변화를 일으키고 있습니다.

PSATPreliminary SAT 성적을 이용했습니다. PSAT는 한국의 대입 수능에 해당하는 SAT의 모의고사 격입니다. 학년이 올라가면서 한 학생이 PSAT를 여러 번 치를 수 있기 때문에 기온과 성적의 관계를 지역과 연도에 걸쳐 자세히 분석할 수 있는 유용한 자료를 구축한 것이죠.

저자들은 학교가 있는 지역의 해당 연도 평균 기온이 1°F (0.56℃) 오를 때마다 성적이 약 1% 떨어진다는 사실을 발견했습니다. 이러한 부정적 영향은 70°F(21℃)에서부터 시작되고요. 물론 학년이 오르면서 학업능력이 향상되는 것과 같은 다양한 변수들은 최대한 통제한 결과입니다. 예를 들어 설명해 보겠습니다. 평균 기온 24℃에서 공부한 고등학교 1학년 학생 A는 그 해 겨울 치른 모의고사에서 100점 만점에 80점을 받았습니다. 그다음 해 기온이 26℃까지 오른다면 이때 치른 모의고사 성적은 약 77점까지 떨어질 수 있다는 겁니다.

논문은 두 가지 중요한 시사점을 제공합니다. 첫째, 더위를 상쇄하기 위한 냉방시설의 중요성입니다. 다른 조건이 동일하다면 에어컨이 구비돼 있는 학교와 그렇지 않은 학교 간 학업성취에 커다란 차이가 발생한다는 것이죠. 여러분은 세계에서 가장 부강한 나라인 미국의 중고등학교라면 당연히 모든 학교가 냉방시설을 갖추고 있을 거라고 짐작할지 모릅니다. 하지만 실상은 정반대입니다. 미국 도시 중 가장 많은 공립학교 학생을 보유한 뉴욕시의 경우 25% 이상의 학급에 에어컨이 없습니다. 다른 곳은 어떨까요? 위스콘신주에 있는 밀워키시에는 오직 17%의 학급만이 에어컨을 갖추고 있다고 합니다. 논문 저자들은 냉방시설을 제대로 가동하는 학교 학생들의 경우 더위로 인한 성적 저하를 무려 73%나 감소시킬 수 있다는 사실을 발견했습니다. 에어컨이 엄청난 효과를 발휘하는 것이죠. 논문은 중고등학교 냉방시설에 대한 대대적인 투자의 중요성을 말해줍니다.

둘째, 더위가 시험 성적에 미치는 영향은 인종별로 불균등하게 나타난다는 것입니다. 더위로 인해 학업성취가 떨어지는 정도는 흑인과 히스패닉 학생들이 백인에 비해 세 배 정도 큰 것으로 분석됐습니다. 왜 이런 일이 일어날까요? 흑인과 히스패닉 학생들의 경우 냉방시설이 없는 학교에서 공부할 가능성이 훨씬 높고, 이들이 거주하는 지역 역시 백인 학생 거주지에 비해 더운 곳일 가능성이 높기 때문입니다. 실제로 학교 내 흑인과 히스패닉 학생 비중과 학급 내 에어컨 설치 비중이 정확히 음의 상관관계를 나타내고 있습니다. 그만큼 학교별 냉방시설 투자가 인종별로 다름을 보여주는 것이죠. 기후와 관련된 인종 간 불평등이 10대 청소년들의 학교 성적에서까지 현실화하고 있다는 사실에 마음이 불편해집니다.

더울 때 공부하기 힘든 건 당연한 얘기 아니냐고 하실지도 모릅니다. 하지만 이 연구는 미국 사회에 적잖은 충격을 주었습니다. 다른 나라도 아니고 최고의 자부심을 지닌 선진 강대국에서 이런 결과가 나왔기 때문입니다. 그럼 또 다른 질문이 나올 겁니다. 성능 좋은 에어컨을 설치하면 되는 것 아니냐고요. 사실 폭염에 따른 학업성취 저하 문제를 에어컨을 통해 해결한다는 게 마냥 반갑지만은 않습니다. 에어컨을 가동하기 위해서는 전기를 사용해야 하고, 전기를 만들어내려면 석탄과 가스를 사용해야 하기 때문입니다. 특히 우리나라는 석탄이나 가스와 같은 화석연료를 사용하는 화력발전 비중이 60%가 넘습니다. 석탄과 가스를 태울 때 발생하는 이산화탄소는 기후변화를 악화시키죠. 탄소를 매개로 악순환의 고리에서 헤어 나오지 못하는 우리 자신을 보게 되는 겁니다.

이번에는 기후와 신생아 울음소리의 관계를 살펴볼까요. 더위가 출생에 영향을 미치는가를 분석한 의학자들의 연구입니다.[20] 연구 질문은 이렇습니다. '기후변화로 인한 기온 상승은 조산, 저체중아, 사산과 같은 부정적 임신 예후와 관련성이 있는가?' 이 연구는 총 370만 명의 미국 내 신생아를 대상으로 이루어진 열 개의 기존 연구들을 집중 검토했습니다. 이 중 아홉 개의 연구에서 더위와 출생 사이에 통계적 상관성이 있다는 결과가 도출됐고, 이는 몇 가지 중요한 사실을 알려줍니다.

먼저, 2.8℃ 이상의 기온 상승은 조산 위험을 8.6~21% 높이는 것으로 나타났습니다. 또한 임신 마지막 3분기 기간 중 일정 수준 이상의 기온 변동성 증가는 아기 몸무게를 3.7~29.7g 줄인다는 결과를 얻었습니다. 출산 직전 주간 기온이 1℃ 상승한다면 그 시기가 여름철일 경우 사산 가능성이 평균 6% 증가한다는 분석 결과도 나왔습니다.

이처럼 더위가 분만에 부정적 영향을 미치는 것은 여러 의학적 이유 때문인데요. 임산부가 열에 노출될 경우 탈수나 혈액 점도 변화, 체온 조절의 어려움 등이 진통에 영향을 주게 되고, 이것이 조산을 일으킵니다. 더위는 자궁 혈류를 감소시켜 태아 성장을 저해할 수 있습니다. 기온 상승은 조기 진통과 양수 감소, 태반 손상 등을 야기해 사산에 이르게도 하고요. 기후변화의 파급력은 정말 복잡하다는 생각이 듭니다. 신생아의 건강과 생명에까지 영향을 미치니까요.

한편 우울증과 치매 환자가 응급실을 찾은 날은 유독 폭염이 심한 날이라는 조사 결과도 있습니다. 야구장에서 벌어진 폭행 사건들은 대부분 무더운 날씨에 일어났다는 보도도 있고요. 기후변화가 인간 심리에도 영향을 미친다는 거죠. 많이 인용하는 듀크 대학 경영대학원 연구팀의 논문을 살펴보겠습니다.[21] 이 연구에서는 5만 7293개의 미국 프로야구Major League Baseball 경기 데이터를 통해 더위와 힛바이피치Hit by Pitch, 즉 몸에 맞는 공의 상관성을 분석했습니다. 저자들이 발견한 사실은 힛바이피치는 '기온'과 '상대 팀 도발'이라는 두 가지 변수의 함수라는 것입니다. 이게 무슨 말일까요? 상대 팀의 도발이라 함은 상대 팀 투수가 던진 공에 팀 동료 타자가 맞는 걸 의미합니다. 다시 말해 상대 팀 투수가 자기 팀 동료 선수에게 먼저 몸에 맞는 공을 던졌다면, 투수 자신도 그런 공을 상대방에게 던질 가능성이 높아진다는 거죠.

흥미로운 점은 상대 팀의 도발이 전혀 없었을 경우에는 날씨가 더워짐에 따라 몸에 맞는 공이 나올 확률이 매우 약하게 증가하는 정도에 그친다는 겁니다. 하지만 투수가 속한 팀의 동료 선수가 경기 초반 상대 팀 투수가 던진 공에 맞는 상황이 벌어졌고, 여기에 날씨까지 덥다면 투수가 상대 팀 타자를 맞힐 확률은 크게 증가합니다. 예를 들어 1이닝에 동료 선수가 공에 맞게 된다면, 경기 끝날 때까지 투수가 상대 팀 타자를 한 번이라도 맞힐 확률은 13℃에서 22%였다가 35℃에서는 27%로 대폭 증가하는 식이죠.

왜 이런 일이 생길까요? 저자들에 따르면 더위가 선수의 분노를 자극한다는 겁니다. 여기서 중요한 점은 상대 팀 도발에 반응하는 투수의 심리 상태가 날씨에 따라 달라진다는 것이죠. 데이터가 분명히 보여주고 있는 경향성은 몸에 맞는 공은 더위로 인해 투수의 투구 정확성이 흔들려 생긴 게 아니라, 상대 팀을 향한 투수의 공격적 행동의 일부로 봐야 한다는 겁니다. 논문에서는 우리 팀 타자가 공에 맞았을 경우 더운 날씨는 투수의 보복 심리를 강화함과 동시에 보복 자제 노력을 약화시킨다고 말합니다.

이런 연구 결과들이 공통적으로 전달하는 메시지는 무엇일까요? 기후변화가 자연환경에 국한된 문제가 아니라는 것입니다. 기후변화는 이미 여러분과 저의 일상생활 곳곳에 깊숙이

들어와 있습니다. 집값과 거주지, 학교 성적과 경제성장, 심지어 신생아 건강과 운동경기에 이르기까지 날씨와 기후는 크고 작은 인간 삶의 영역에서 커다란 변화를 일으키고 있습니다. 이제 기후문제가 다른 나라, 먼 미래의 한가한 얘기가 결코 아니라는 말에 동의하시나요? 그렇다면 다음 장에서는 경제학자가 본 기후변화의 역사적 기원과 경제적 파급력에 대해 살펴보도록 하겠습니다.

8장

기후불황, 경고등이 켜지다

여러분은 지금 우리가 누리는 물질적 풍요가 언제 시작됐다고 생각하시나요? 아래 그림을 보시죠. 지난 2000년간 전 세계 나라들이 만들어낸 GDP를 추산하여 연간 단위로 합산한 그래프입니다. 직접 비교할 수 있도록 2011년 불변가격 기준으로 통일했고요. 보시는 바와 같이 서기 1년부터 19세기 초까지 장

지난 2000년간 세계 GDP 변화(2011년 불변가격 기준)

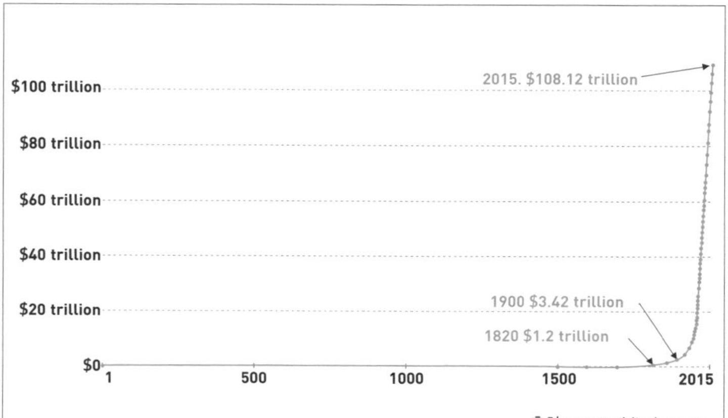

출처: ourworldindata.org

장 1800년 동안 기울기는 사실상 0입니다. 글로벌 실질 GDP에 사실상 아무런 변화가 없다는 것이죠. 이것이 19세기 중반을 지나며 눈에 띄는 변화가 나타나더니 급기야 1900년부터는 무한대에 가까운 기울기를 보이고 있습니다. 지난 200년 동안 글로벌 GDP는 약 100배 증가했고, 그 대부분은 지난 100년간 인류가 이룩해 낸 성과인 셈이죠.

재미있는 사실은 19세기 중반 이후 세계 경제의 급격한 성장은 화석연료의 사용량 증가와 완벽히 궤를 같이한다는 것입니다. 아래 그림이 그 상관성을 잘 보여주고 있습니다.

19세기 중반 이후 화석연료 사용량

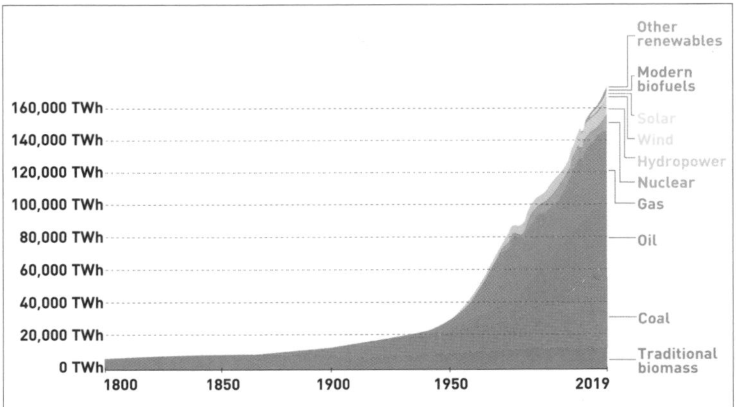

출처: ourworldindata.org

그림에 나타나듯이 인류는 오랜 기간 목재와 같은 바이오 연료에 의존하여 취사와 난방을 해결해 왔습니다. 19세기 초 영국에서 본격화된 제1차 산업혁명을 통해 인류는 처음으로 석탄이라는 화석연료를 대량으로 사용하기 시작했습니다. 1850년대부터 석탄 사용량 증가가 눈에 들어옵니다. 그러다 1900년 초부터는 석유 사용량 증가를 볼 수 있고, 그 한참 후에 천연가스가 모습을 드러냅니다.

그렇습니다. 1세기가 넘는 기간 동안 화석연료는 인류에게 과거에는 경험하지 못한 놀라운 경제성장을 가져다주었습니다. 석탄, 석유, 가스가 그 주인공입니다. 이 세 가지 에너지원의 조합을 통해 만들어낸 전기가 추가됨으로써 인간의 삶의 질은 엄청나게 높아졌죠. 경제성장은 자본축적과 기술혁신을 가져왔고, 이는 다시 경제성장을 견인하는 선순환 구조가 만들어졌습니다. 그 덕분에 의료와 위생 분야가 획기적으로 발전하면서 인간 수명이 엄청나게 늘어났습니다.

여기까지는 더할 나위 없이 좋았습니다. 문제는 화석연료 사용이 가져올 거대한 부작용을 미처 깨닫지 못했다는 데 있습니다. 화석연료 사용이 늘어날수록 지구온난화를 야기하는 이산화탄소가 지속적으로 배출된다는 사실을 알지 못했던 것이죠.

이산화탄소는 가장 영향력이 크고 비중이 높은 온실가스입니다. 이제 전 세계 99%가 넘는 과학자들이 인간이 사용하는 화석연료 때문에 지구가 뜨거워지고 있음을 지적하고 있습니다. 이미 우리에게 다가온 기후변화로 인한 인명 피해와 사회경제적 피해는 앞으로 더욱 심각해질 것이라고 주장합니다. 기후위기 앞에서 인류는 '대전환'의 갈림길에 놓여 있습니다. 우리가 기후변화 현상을 사실로 인정하는 이상, 앞으로 어떤 방식으로 이 거대한 난제를 해결할 것인가를 고민하지 않을 수 없게 된 것이죠.

혹시 여러분 중 화석연료 사용이 가져올 파국적 상황에 대해 회의적인 시각을 갖고 계신 분이 있나요? 심지어 일부 전문가들의 편향된 주장이라거나, 환경운동가들의 일방적인 목소리라고 치부하고 계시진 않나요? 그런 분들을 위해 제가 그림 하나를 준비했습니다. 2020년 초 코로나 감염병이 세상을 휩쓸 즈음, 세계적인 경제주간지인 《이코노미스트》 4월 23일 자에 실린 만평입니다.

《이코노미스트》 2020년 4월 23일 자 만평

© Kevin Kallaugher

지금 링 위에서 권투 시합을 하고 있는 선수들은 다름 아닌 지구와 코로나 바이러스입니다. 이 시합은 지금도 현재진행형이죠. 전 인류가 코로나 팬데믹 극복을 위해 사투를 벌이고 있습니다. 그런데 이 그림에 또 다른 주인공이 등장합니다. 링 밖에서 링 안의 시합을 지켜보고 있는 거대한 몸집의 선수가 있네요. 설사 지구가 가까스로 코로나 바이러스를 물리친다고 해도 "그다음은 나를 상대해야 해"라고 말하는 듯합니다. 입고 있는 트렁크에 이 선수의 이름이 적혀 있습니다. 바로 '기후변화'입니다. 가히 헤비급이죠. 이 선수가 링 위에 오르면 지구가 주먹 한번 제대로 휘두르지 못한 채 게임이 끝나버릴 수도 있어 보입니다.

지난 3년 동안 인류는 코로나 바이러스로 인해 큰 고통을 겪었습니다. 확진자가 줄어드는 것 같다가도 새로운 변이 바이러스가 나오면 다시 세상이 멈춰버리는 악순환의 연속입니다. 그런데 코로나 팬데믹보다 훨씬 더 크고 무서운 상대인 기후변화가 인류를 기다리고 있다는 겁니다. 오죽하면 이 만평에 코로나와의 대결은 '예선전'이라고 제목을 붙였겠습니까. 이 그림이 과학 잡지나 환경 전문지가 아닌, 전 세계 기업인과 금융기관, 경제전문가들이 열독하는 경제지에 실렸다는 사실에 주목해 주시기 바랍니다. 기후변화는 더 이상 환경문제에 머무르지 않습니다. 기후문제는 곧 경제문제입니다.

비 내리는 한반도

기후변화로 인한 피해를 살피기 위해, 우리나라로 시선을 돌려보겠습니다. 제가 참여했던 연구 하나를 소개하려고 합니다. 지금은 국회 예산정책처에 근무하고 있는 이미연 분석관이 박사과정을 밟고 있을 때 지도교수인 저와 함께 진행했던 연구입니다.[22] 당시 서울대 지구환경과학부에 재직 중이던 김광열 교수도 연구진으로 참여했습니다. 자연과학과 사회과학이 만났으니 기후를 주제로 수행한 융합연구라고 할 수 있겠지요.

우리나라에서 발생하는 재해는 95%가 태풍과 폭풍우로 인한 홍수 피해입니다. 나머지 5%는 폭설로 인한 피해이고요. 한마디로 우리나라의 자연재해는 물과 관련돼 있다는 것이죠. 저희 연구팀은 경제학에서 많이 사용하는 '패널 분석Panel Analysis' 기법을 활용하여 자연재해로 인한 경제적 피해 비용을 추정했습니다. 패널 분석이란 연도별 자료를 활용하는 시계열Time Series 분석과, 동일 시점 특정 변수의 자료들을 활용하는 횡단면Cross Sectional 분석을 한꺼번에 수행하는 연구 방법입니다.

저희는 2001~2012년에 걸쳐 세종시를 제외한 16개 광역시도의 강수량, 불투수층 면적, 재정자립도, 하천 연장 길이 등 필요한 연간 데이터를 수집했습니다. 그리고 통계분석을 통해 각 변수가 피해 비용에 미치는 영향을 측정하는 추정치를 구했습니다. 재난으로 인한 미래 피해를 계산하기 위해 가장 중요한 변수는 강수량일 겁니다. 연구 과정에서 김광열 교수가 개발한 '주기정상적 경험 직교 함수Cyclostationary Empirical Orthogonal Function' 분석법을 통해 좀 더 정확한 강수량 예측치를 확보하고자 했습니다.

2060년까지의 강수량 예측치를 토대로 분석한 결과, 연간 강수량이 1% 증가하면 경제적 피해 비용이 무려 4.52% 증가하는 것으로 나타났습니다. 또한 비가 내릴 때 수분 침투가 어려운 불투수층이 1% 증가할 경우에는 피해 비용이 1.74% 증가하고요. 흥미롭게도 지자체의 재정자립도는 피해 비용과 음의 상관성을 가지는 것으로 분석됐습니다. 지방재정이 튼튼할수록 자연재해에 미리 대비하거나 피해를 최소화할 여력이 있다는 의미일 겁니다.

자, 가장 중요한 피해 규모입니다. 미래의 자연재해로 인한 우리나라 최대 연간 피해액은 자그마치 23조 7000억 원! 국내총생산 전망치의 1.03%에 해당하는 액수입니다. 우리나라 역사상 가장 컸던 자연재해 피해는 2002년 태풍 루사Rusa 때였습니다. 태풍 루사는 전라남도로 상륙해 강원도로 빠져나간 대형 태풍이었습니다. 남한을 완전히 관통한 셈이었죠. 이때 피해 규모가 6조 원 정도였는데요. 앞으로 그 네 배에 달하는 경제적 피해가 발생할 수 있다는 얘기입니다. 물론 정해져 있는 건 아닙니다. 언제 엄청난 태풍과 폭우가 올지 모를 일이죠.

우리가 살고 있는 한반도에도 극한기상 현상이 일상화되고 있습니다. 폭염 시기가 점점 빨라지고 있으며 동시에 겨울철 한파도 심각합니다. 2020년 겨울, 서울이 영하 18.6℃까지 떨어지면서 20년 만의 한파가 찾아왔죠. 지난 2019년에는 태풍이 아홉 개나 한반도에 상륙했고, 2020년 여름에는 54일이라는 역대 최장 장마가 찾아왔습니다. 폭우와 같은 자연재해가 발생하면 당장 농업 생산이 급감합니다. 우리 농민의 농사 활동과 소득에 엄청난 타격이 가해지는 것이죠. 이는 다시 밥상 물가에 영향을 미쳐 도시민의 삶의 질을 떨어뜨립니다.

기후위기는 두 가지 경로를 통해 경제위기로 확산된다는 사실에 주목해야 합니다. 첫째, 기후변화는 인간에게 직접 피해를 끼칩니다. 폭염이나 홍수로 인명 피해를 입거나, 기후변화로 인해 사회경제 활동을 제대로 하지 못해 어려움을 겪습니다. 홍수나 가뭄으로 인한 농사 피해가 대표적이겠죠. 가뭄으로 세계 곳곳의 농업 생산성이 떨어지면 국제 농산물 가격이 급등할 것입니다. 이렇게 된다면 곡물 자급률이 19%에 불과해 농산물 수입이 많은 우리나라는 커다란 경제적 타격을 받게 됩니다.

둘째, 기후변화를 막기 위해 탄소 배출을 줄이는 과정에서 경제 전체가 적지 않은 비용을 치릅니다. 2021년 중반 이후 전 세계가 극심한 인플레이션에 시달리고 있는데요, 화석연료 소비가 줄어들면서 에너지 공급구조가 타격을 입은 것도 물가가 오르는 이유 중 하나입니다. 공급이 줄면 가격이 오르게 되니까요. 또한 탈탄소 경제를 위해 석탄발전소 퇴출을 추진한다면, 관련 산업에 속한 기업들이 경영에 어려움을 겪고 일자리가 줄어들 수 있죠. 산업 현장의 경제적 피해를 최소화하기 위해 정부가 마땅히 대책을 마련해야 할 겁니다.

기후, 질병, 경제…… 악순환의 고리

기후불황Climate Recession이라는 말 들어보셨나요? 사람들은 경제불황을 걱정하고 두려워합니다. 경제가 어려워지면 먹고살 길이 막막해지기 때문이죠. 2020년 코로나19 사태로 발생한 세계적인 경제 불황이 그 실례입니다. 그런데 말이죠, 기후변화가 경제를 흔들기 시작했습니다. 경제전문가들은 기후문제로 닥칠 경제적 어려움의 총체라 할 기후불황의 심각성을 인식하고 여기에 대비해야 한다고 말합니다.

기후불황의 구체적인 사례로 보험 산업을 들 수 있습니다. 2018년 보험사들이 일제히 보험료 인상을 고민했습니다. 왜 그랬을까요? 2017년은 세계 보험업계에 최악의 한 해로 기록되었습니다. 열대성 저기압으로 인한 대형 태풍과 산불 때문이었죠. 어마어마한 보상이 이뤄졌는데요, 전 세계적으로 고객에게 1440억 달러, 우리 돈으로 약 160조 원을 지불해야 했습니다.

과학자들은 지구 곳곳에서 벌어지는 태풍과 홍수, 산불과 산사태가 기후변화와 무관하지 않다는 진단을 내리고 있습니다. 게다가 이러한 재난이 앞으로 훨씬 더 늘어날 것으로 전망합니다. 한마디로 기후변화가 보험 산업에 엄청난 위험 요소로 등장한 셈이죠. 날씨가 보험회사의 생존과 직결되는 문제로 떠오른 겁니다. 기후위기를 한마디로 특징짓자면 바로 대형 재난이 일상화된 시대입니다. 극심해진 기후변화는 과거 경제주체들이 감당할 수 있었던 수준의 재난을 예측 불가의 위험 요소로 만들어버리고 있습니다.

이쯤에서 코로나 팬데믹을 상기해 볼까요. 지난 30년 동안 저는 환경과 경제의 상관성을 연구해 왔습니다. 환경문제가 경제문제를 악화시키고, 경제가 나빠지면 그것이 다시 환경문제를 야기하는 악순환의 고리에서 빠져나와야 한다는 문제의식에서였죠. 그런데 코로나 팬데믹 이후 여기에 순환 고리가 하나 더 생겼습니다. '질병위기'가 추가되면서 세 가지 단위의 위기 사이클이 만들어진 것입니다.

질병위기가 왜 경제위기를 가져오는지, 어떤 현상이 벌어지는지 지난 3년간 우리 모두가 삶의 현장에서 뼈저리게 경험했습니다. 왜 질병위기가 발생했으며 앞으로 얼마나 더 자주, 광범위하게 발생할 것인지, 학계를 중심으로 다양한 논의가 이루어지고 있습니다. 중요한 점은 기후위기가 질병위기를 촉발한다는 사실을 보건전문가와 의학자들이 한결같이 주장한다는 것이죠. 기후변화는 야생동물의 활동반경을 넓히고 생존 기

3중 복합 위기

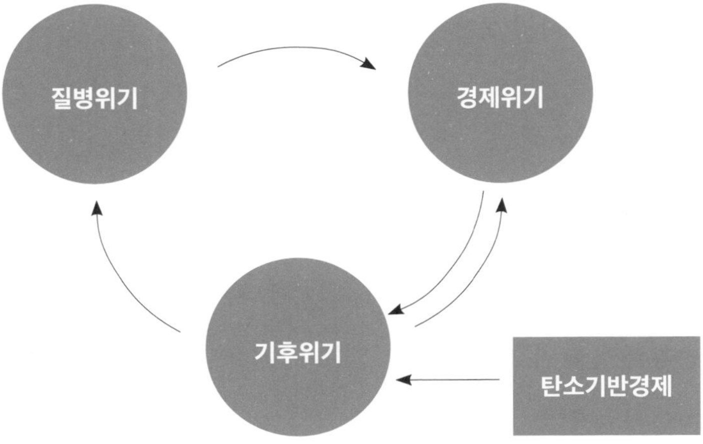

간을 늘리는 것으로 알려져 있습니다. 결국 기후변화는 인간과 야생동물 접촉점을 넓히고 빈번하게 만듦으로써 사스SARS나 메르스MERS와 같은 인수공통 감염병Zoonotics(人獸共通感染病)의 발생 가능성을 높인다는 것입니다.

기후위기는 '탄소기반경제Carbon Based Economy'에 기인한 것입니다. 탄소기반경제란 화석연료에 기반한 경제구조를 말합니다. 19세기 이후 인류는 석탄과 석유, 천연가스를 대량으로 이용해 놀라운 경제성장을 이룩했죠. 하지만 지금까지 인류가 추구한 경제성장 방식에 심각한 적신호가 켜졌습니다. 탄소 배출로 인한 기후변화가 그것입니다. 기후변화는 21세기 인류의 지속가능성에 가장 큰 위협으로 등장했습니다. 앞서 3중 복합 위기에 관한 그림이 주는 메시지는 명확합니다. 인류가 탄소기반경제를 극복하지 못한다면 기후위기는 가속화할 것이고, 질병위기는 더욱 창궐할 수 있으며, 경제위기는 더 가중될 것이라는 사실입니다.

많은 분이 제게 묻습니다. "코로나 팬데믹의 여파와 러시아-우크라이나 전쟁 때문에 전 세계가 에너지 수급 위기를 겪는 상황에서, 과연 제대로 된 기후위기 대응이 가능한가요? 불가피하게 화석연료 소비를 늘려야 하는 것 아닌가요?" 저는 이렇게 답합니다. "기후위기 대응과 에너지전환은 변하지 않는 상수입니다. 재생에너지 확대는 에너지 안보와 에너지 독립, 기후 안보에 기여하고, 에너지 수급의 지정학적 위험을 낮추는 가장 효과적인 방법입니다."

잠깐 과거로 돌아가 보죠. 2020년, 코로나 사태 발발로 에너지 수요가 급락하면서 글로벌 에너지 기업들은 투자와 공급을 줄였습니다. 2021년, 경제 상황 개선과 시장 유동성 확대로 다시 에너지 수요가 늘어났지만, 에너지 공급과 물류에 병목현상이 생기면서 인플레이션 압력이 커졌습니다. 2022년, 러시아발 전쟁이 시작되면서 천연가스를 포함한 에너지 무기화가 본격화됐습니다. 그 결과가 현재 전 세계가 겪고 있는 에너지 수급 위기와 인플레이션 압력인 셈이죠. 상황이 어려울수록 우리는 기후위기 대응과 에너지 안보를 위해 탈탄소 에너지 공급에 매진해야 합니다. 이것이 현재 세계 각국이 흔들림 없이 추진하고 있는 정책 목표입니다. 쉽지 않지만, 포기해서는 안 될 분명한 길이지요.

기후변화는 더 이상
환경문제에 머무르지 않습니다.

기후문제는 곧 경제문제입니다.

다급한 선진국, 억울한 개도국

최근 곳곳에서 '탈탄소Decarbonization'나 '탄소중립Carbon Neutrality'이라는 용어를 많이 들을 수 있습니다. 탈탄소는 탄소기반경제에서 벗어나자는 의미인 만큼 그다지 어렵지 않은 용어인 데 반해, 탄소중립은 그리 간단하지 않습니다. 탄소중립이란 "경제활동에 따른 탄소 배출량을 최대한 줄이면서 자연적, 기술적 노력을 통한 탄소 흡수량은 꾸준히 늘려 순 배출량을 제로로 만들겠다"라는 뜻입니다. 그동안 과학자들은 탄소를 흡수할 수 있는 혁신적인 기술을 계속 연구해 왔습니다. 상용화한 것도 있고요. 하지만 이미 공기 중에 배출한 탄소를 인위적으로 얼마나 흡수하고 저장할 수 있을 것인가에 대해서는 논란이 많습니다. 탄소 흡수가 탄소량 조절에 일정한 역할을 할 수는 있겠지만, 가장 중요한 것은 역시 탄소 배출 자체를 줄이는 일이죠. 그래야 탄소중립을 달성할 수 있을 겁니다.

지난 200년 동안의 이산화탄소 누적 배출량을 보면 미국이 압도적인 1위입니다. 반면 현재 연간 배출량 기준으로는 중국이 전체 지구 배출량의 29%를 차지하고 있어 1위이고, 2위가 미국(14%), 3위가 인도(7%)입니다. 세 나라를 합치면 전 세계

이산화탄소 배출량의 50% 정도가 되죠. 이 수치를 보면 아마도 이런 생각이 들 겁니다. "이미 가장 앞장서 경제성장을 이룬 국가들, 그리고 현재 열심히 성장하고 있는 국가들이 화석연료를 많이 사용하고 있잖아. 화석연료를 써야만 경제를 키울 수 있는 거 아냐?"

그 생각이 맞습니다. 지금까지 경제성장의 역사는 화석연료 사용의 역사와 같다고 해도 과언이 아니죠. 개도국 입장에서는 선진국을 향해 이렇게 말할 수 있습니다. "지금까지 탄소를 많이 배출해 온 것은 너희들이다. 이제 와서 기후위기 극복에 동참하자고 석탄발전소를 폐쇄해라, 탄소 배출권거래를 시행해라, 이런 식으로 나오는 것이야말로 책임 떠넘기기 아니냐. 이미 경제성장을 이룩한 선진국의 횡포다."

일리 있는 비판입니다. 책임과 보상, 마땅히 따져야 합니다. 기후변화를 일으킨 역사적 책임과 경제적 지원 여력을 고려할 때 선진국은 개도국의 탄소 감축과 적응을 위해 기술과 재정 협력을 아끼지 말아야 합니다. 그래야 기후위기를 극복하려는 선진국의 진정 어린 노력을 개도국 국민이 받아들일 수 있을 겁니다. 결과적으로 선진국과 개도국이 함께 참여하는 탄소 감축 노력이 가시적인 성과를 이뤄낼 수 있을 테고요.

선진국과 개도국이 계속 갈등과 논쟁에만 빠져 있다면 인류가 직면한 기후위기를 결코 해결할 수 없습니다. 19세기 중반을 넘어서면서 탄소 배출은 빠른 속도로 늘어났고, 20세기 후반부터는 증가 추세가 더욱 가파른 곡선을 그리고 있습니다. 절대 부인할 수 없는 사실이죠. 이로 인해 오늘날 세계 곳곳은 기후변화 위협에 예외 없이 노출돼 있습니다. 어느 순간 기후 문제는 우리 모두의 발등에 떨어진 불이 되고 말았습니다.

기후변화 문제에서만큼은 인류가 한배를 타고 있다는 인식을 공유해야 한다는 점을 강조하고 싶습니다. 물론 기후위기로 인한 피해는 선진국과 저개발국 간에 불평등한 영향을 미치고 있는 것이 사실입니다. 지리적 요인은 물론이고, 자연재해에 대응할 수 있는 물적, 인적 인프라와 재정 동원 능력에서 국가들 사이에 큰 차이가 존재하기 때문입니다. 하지만 잘사는 나라라고 해서 기후피해로부터 온전히 자유로울 수는 없죠. 선진국 안에서도 어린이나 어르신과 같은 환경 약자가 적지 않을 뿐만 아니라, 빈부격차 역시 존재하기 때문입니다. 기후문제야말로 21세기 인류에게 닥친 가장 직접적이며 확실한 위험 요소임이 분명합니다.

어떤가요? 기후위기의 심각성이 피부에 와닿나요? 여전히 나와 내 가족의 문제로는 느껴지지 않나요? 혹은 해결 가능성이 없기 때문에 자포자기하는 심정인가요? 아니면 기후문제를 심각하게 생각하고 해결 방법도 있어 보이는데 스스로 실천하기는 부담스러운가요? 다음 장에서는 우리가 눈치채지 못한 사이 세계 각국에서는 어떤 일들이 일어나고 있는지 살펴보도록 하겠습니다.

9장

거대한 전환으로 나아가는 세계 경제

제가 몸담고 있는 대학에서는 다른 교수들과 함께 종종 강의 품앗이를 합니다. 학생들에게 다양한 지식과 관점을 제공해 주기 위해서죠. 제게도 여러 전공 학생들을 만날 수 있는 좋은 기회이기에 의뢰가 오면 마다하지 않습니다. 2021년 1학기 개설된 기후 관련 교양과목에서 '기후위기와 한국 경제'라는 제목으로 학부생들에게 1일 특강을 해주면 좋겠다는 연락을 받았을 때도 제의를 흔쾌히 수락했습니다. 저는 강의 일주일 전, 수강생들에게 과제를 주었습니다. 이번 강의에서 가장 알고 싶은 것이 무엇인지 적어 내라고 했죠. 미리 학생들 선호를 조사하면 강의 초점을 맞추는 데 도움이 될 테니까요. 그때 학생들에게 받은 질문지의 일부를 소개합니다.

(1) 기후변화가 그토록 심각한 것인가. 여름에 후덥지근하고 비가 많이 오는 건 늘 있었던 일 아닌가. 기후위기라는 말

이 잘 실감 나지 않는다.

(2) 에너지전환의 바람직한 방향은 무엇인가. 우리나라에서 탈탄소 목표 달성이 가능하다고 보는가. 차세대 주요 에너지원이 될 가능성이 높은 대안은 무엇인가.

(3) 정의로운 전환은 무엇이고, 왜 필요한가. 다른 나라들의 탈탄소 전환에서는 이 관점이 얼마나 반영되어 있고, 어떻게 실현되고 있는가. 한국에서는 특히 어떤 부문에 정의로운 전환이 필요하며, 얼마나 제대로 실현되고 있는가.

(4) 기후변화를 막기 위해 노력하는 과정에서 쇠퇴하는 산업과 유망한 산업, 늘어날 일자리에는 무엇이 있나.

(5) 탄소중립을 이루려면 현재까지 없었던 특단의 노력이 필요하다. 우리 사회 구성원 모두가 그 시급성과 중요성을 인식하고 있는가.

질문지를 보면서 저는 내심 놀랐고, 한편으론 학생들이 대견했습니다. 기후위기 탄소중립 시대 우리나라가 직면한 가장 핵심적인 이슈들을 정확히 파악하고 있었으니까요. 저는 이것이 단순히 지식에서 비롯된 질문이라고 생각하지 않습니다. 네 번째 질문을 보시죠. 앞으로 어떤 산업과 일자리가 필요하고 유망할 것인가를 질문하고 있습니다. 한국 경제가 당면한 가장 심각한 과제 중 하나가 지속가능한 일자리 창출입니다. 다른 나라들도 마찬가지고요. 탈탄소 사회로의 전환 과정에서 명멸하는 일자리는 우리 청년들의 미래와 생존이 걸린 문제입니다. 이를 학생들이 정확히 인식하고 있었던 것입니다.

지난 200년 가까이 석탄, 석유, 천연가스와 같은 화석연료를 대량으로 사용한 결과, 인류는 본격적으로 기후위기 시대를 맞게 되었습니다. 20세기 중반까지만 해도 사람들은 화석연료 사용이 기후변화를 일으킨다는 사실에 무지했습니다. 하지만 이제는 인위적으로 배출되는 온실가스가 기후변화의 원인이라는 과학계의 축적된 연구 결과를 모든 사람이 인정하기에 이르렀습니다. 이처럼 팩트가 분명히 드러났는데도 왜 인류는 기후변화에 제대로 대응하지 못했을까요? 왜 애써 기후변화의 심각성을 외면하려고만 했을까요? 답은 분명합니다. 기후문제를 해결하려면 우리가 살아왔던 경제활동 방식을 획기적으로 바꿔야 하기 때문입니다. 너무나 많은 비용과 고통이 수반되는 일입니다. 인류는 19세기 초 산업혁명 이후부터 화석연료에 기반한 소비와 생산에 익숙한 삶을 영위해 왔습니다. 익숙함으로부터의 탈피. 결코 쉽지 않은 일입니다.

하지만 세상이 바뀌고 있습니다. 기후를 매개로 개인과 기업과 금융기관과 국가의 생각과 행동이 달라지고 있습니다. 상전벽해가 따로 없을 정도로 크게 변하고 있죠. 기후변화가 먼 미래 남의 이야기가 아닌, 당장 나에게 피해를 주는 실제 상황임을 체감할수록 세상은 더 빠르게 바뀔 것입니다. 기후위기는 인류 생존과 직결된다는 자각이 싹트고 있습니다. 멀리서 찾을 필요도 없습니다. 2020년 여름 역대 최장 장마가 우리나라를 강타하고 장장 54일간 전국 곳곳이 홍수로 넘친 데다 장마 이후에는 두 개의 태풍이 연이어 한반도에 상륙했었죠. 그때 저는 쏟아지는 비를 보며 이런 생각을 했습니다.

> '코로나 팬데믹에 홍수까지 터지는 걸 보며 우리 국민이 자연의 무서움과 기후변화의 심각성을 실감하게 되겠구나. 아마 올해가 기후변화에 대한 국민 인식의 터닝포인트로 기록되지 않을까. 그런 면에서 2020년은 역사적 전환점이다.'

과거에는 환경을 성장의 걸림돌로 생각하는 경향이 적지 않았습니다. 기업은 정부의 환경규제가 기업경쟁력을 약화시키는 주범이라는 선입견을 갖고 있었습니다. 정부는 국책사업을 반대하는 시민환경단체 때문에 도로나 공항 같은 인프라를 제때 갖추지 못한다며 답답해했습니다. 이러한 갈등은 우리나라에 국한된 문제가 아닙니다. 역사적으로 보면 세계 어느 나라에서나 보전과 개발의 충돌이 존재했죠. 세계 최초로 산업혁명을 이뤄낸 영국은 19세기 내내 세상을 호령했지만, 그 과정에서 런던을 가로지르는 템스강은 온갖 폐수와 쓰레기로 엉망이 되었습니다. 썩은 물로부터 콜레라와 같은 수인성 전염병이 번져 영국인 수십만 명이 목숨을 잃기도 했고요. 템스강을 완전히 정화하는 데 장장 140년이 걸렸다고 하니 믿기지 않을 정도입니다.

한국도 마찬가지입니다. 울산은 1960년대 이후 우리나라 중화학공업의 산실로 명성을 떨쳤습니다. 우후죽순 공장이 세워지고 곳곳에서 망치 소리가 들렸습니다. 일자리를 찾는 사람들이 모여들었습니다. 그 과정에서 울산을 가로지르는 태화강은 죽음의 강으로 바뀌어갔습니다. 냄새나고 더럽고 물고기가 죽어가는 강이 돼버렸죠. 생명이 죽어가는데 돈이 무슨 소용이냐는 울산 시민의 반성 끝에 태화강은 국가 정원으로 되살아났습니다. 강이 망가지기 시작한 지 40년 만에 연어가 돌아오고 청소년 수영시합이 열리는 울산의 자랑이 되었습니다.

이처럼 한 나라 안에서 일어나는 환경문제는 경제가 성숙해지고 사람들의 생각이 바뀌고 정책의 우선순위가 달라지면서 개선되는 경향을 보입니다. 경제와 환경의 공존만이 지속가능한 사회를 만드는 길이라는 깨달음이 구체적인 실천으로 이어지는 것이죠. 하지만 기후변화는 수질오염과 같은 지역 환경문제와는 본질적으로 성격이 다릅니다. 탄소나 메탄과 같이 기후변화를 일으키는 온실가스는 말 그대로 글로벌 오염 물질입니다. 어느 개인이, 어느 기업이, 어느 국가가, 어느 지역에서 온실가스를 배출하든 관계없습니다. 이들은 발생 이후 공간적 분포가 균등하게 일어나면서 지구온난화를 일으키는 데 동일하게 기여합니다. 환경경제학에서는 이러한 특성을 지닌 오염원을 '균등혼합 오염 물질Uniformly Mixed Pollutant, UMP'이라고 부릅니다.

그러다 보니 온실가스 배출자라면 누구나 스스로는 행동을 바꾸지 않으면서 다른 사람들이 배출을 줄여줬으면 하는 유혹을 느끼게 됩니다. 자신은 비용을 부담하지 않으면서 남들이 제공하는 편익만을 누리겠다는 심사인 거죠. 대부분의 경제주체들이 이런 생각에서 자유롭지 않을 겁니다.

한번 상상해 보세요. 전 세계 모든 소비자가, 모든 기업이, 모든 나라가 자신은 희생하지 않으면서 이익만을 취하겠다는 태도를 보인다면 어떤 일이 생겨날까요? 한마디로 파국입니다. 엄청난 양의 이산화탄소가 배출되면서 지구는 더없이 뜨거워질 것입니다. 이러한 비극적 상황을 '바닥으로의 경쟁Race to the Bottom'이라고 부릅니다. 각자의 이해관계에 따라 자신만을 위한 바닥으로의 경쟁이 지속된다면 무슨 일이 벌어질까요? 인류는 기후위기 대응에 실패할 것이고, 결국 우리 모두가 비극적 상황으로 내몰리는 운명에 처할 수밖에 없을 겁니다.

기후가 뒤흔든 표심

지난 3년 동안 글로벌경제가 요동치고 국제 에너지 시장이 급등락을 거듭하는 상황에서도 세계 각국은 기후변화를 극복하고 에너지 안보를 확보하기 위해 탈탄소 정책 수립과 재생에너지 투자에 매진하고 있습니다. 기후 대응과 에너지전환 정책은 흔들리지 않는 일관된 정책으로 자리매김했지요. 그런데 러시아-우크라이나 전쟁으로 천연가스 공급에 비상등이 켜졌습니다. 팬데믹으로 인해 에너지 공급망이 흔들리고, 유럽으로 수출하는 파이프라인 천연가스PNG를 러시아가 에너지 무기화하면서 국제 천연가스 가격은 지난 2년간 자그마치 다섯 배 넘게 폭등했습니다. PNG 물량이 급감하면서 유럽연합은 단기적으로 역내 에너지 소비를 줄이기 위한 비상 대책을 강구하고 있습니다. 유럽 선진국이 자국민에게 허리띠 졸라매기를 호소하고 있는 것이죠. 동시에 미국으로부터의 액화천연가스LNG 수입을 늘리기 위해 안간힘을 쓰고 있고요.

유럽이 직면한 에너지 위기 상황에서 2022년 5월 유럽연합이 내놓은 대안은 무엇일까요? 바로 '리파워 EU 계획REPower EU Plan'입니다. 'EU 경제에 다시 힘을 불어넣겠다', '재생에너지RE로 전력을 공급하겠다'는 중의적 의미를 함축하고 있는 캐치프레이즈로 보입니다. 이 계획의 목표는 두 가지입니다. 2030년 이전까지 러시아로부터 화석연료 독립을 달성하겠다는 것과, 기후위기에 더욱 적극적으로 대응하겠다는 것이죠. 2025년까지 태양광 시설을 현재보다 두 배로 늘리고, 2030년까지 600GW(기가와트)의 태양광 설비 규모를 갖추겠다는 목표를 세웠습니다. 현재 우리나라 태양광 설비가 다 합쳐 20GW 정도니까 확실히 비교가 되죠. 2030년까지 목표로 했던 유럽연합 역내 재생에너지 발전 비중을 40%에서 45%로 상향 조정했고요.

러시아 천연가스 봉쇄로 가장 큰 피해를 겪고 있는 독일은 한술 더 뜹니다. 현재 45% 수준인 재생에너지 발전 비중을 2030년까지 80%로 올리고, 2035년까지 아예 100%로 만들겠다고 공언한 것입니다. 이에 대해 현 독일 부총리이자 경제·기후행동 장관인 로베르트 하베크Robert Habeck는 의미심장한 한마디를 던졌습니다. "바다와 땅과 지붕에 재생에너지 설치를 확대하는 가속 페달을 밟기 위해 법과 제도를 간소화하겠다."[23] 이유는 분명하죠. 날로 심각해지는 기후위기와 에너지 위기에 더욱 강력하게 대처하겠다는 것입니다. 《이코노미스트》는 2022년 8월 기사에서 이렇게 말하고 있습니다. "세계가 인플레이션을 통제하고 더 친환경적이며 안전한 에너지 공급을 통해 마침내 경제 침체에서 벗어난다면 그간의 고통은 결코 헛되지 않게 될 것이다."

최근 기후문제와 관련한 선진국 국민의 표심과 정부 정책을 살펴볼까요. 러시아를 제외한 유럽 최대 석유 생산국 노르웨이에서는 8년간 집권하던 보수당을 물리치고 2021년 노동당을 주축으로 한 진보 연합이 절반 이상의 의석을 차지하며 총선에서 승리했습니다. 노동당이 풍력발전이나 천연가스와 같은 환경친화적 에너지 개발을 내세웠고, 녹색당은 아예 석유와 가스 산업 축소를 주장했기에 노르웨이 총선은 '기후선거'라는 평가를 받았습니다. 탈탄소 시대, 노르웨이 유권자들이 에너지전환 정책에 힘을 실어준 것이죠.

노르웨이는 세계 7위 천연가스 생산국이면서 세계 3위 천연가스 수출국입니다. 석유와 천연가스 산업이 노르웨이 경제에서 차지하는 비중이 엄청나죠. 석유와 천연가스 산업은 노르웨이 전체 수출과 GDP의 41%와 14%를 각각 차지하고, 일자리의 6%도 여기에서 나옵니다. 그런데 놀랍게도 노르웨이 국민이 석유 산업으로부터의 탈피를 지지하고 나선 겁니다.

덴마크는 2020년 화석연료 관련 채굴산업 종료를 선언한 세계 최초의 국가가 됐습니다. 신규 석유 시추를 중단하고, 2050년까지는 기존 생산마저 모두 금지한다고 선언했죠. 독일을 볼까요. 2021년 치러진 총선에서 강력한 기후위기 대응을 주장한 녹색당이 14.8%를 득표해 제3당으로 입지를 굳혔습니다. 독일 녹색당은 유럽연합 의회 선거에서도 약진하고 있는데요. 유럽연합은 2050년 탄소중립 목표를 달성하기 위해 2030년 탄소 감축 중간 목표를 더욱 강화하고 있는 추세입니다.

호주도 마찬가지입니다. 2022년 5월 실시된 호주 총선은 '기후변화 선거'로 불릴 만큼 기후 대응이 핵심 이슈로 등장했습니다. 그도 그럴 것이, 2019년에 우리나라 면적의 두 배를 태워 버린 거대 산불에 대한 정부의 부실 대처가 선거 쟁점으로 떠올랐기 때문입니다. 결국 적극적인 탄소 배출 감축 정책과 재생에너지 확대를 통한 일자리 창출을 주요 공약으로 내세운 노동당이 승리하고 녹색당 역시 약진했습니다.

미국도 바이든 행정부가 들어서면서 기후위기 대응을 국내 사회경제 정책의 최우선 순위에 두고 있죠. 취임 선서가 끝나자마자 바이든 대통령이 가장 먼저 취한 행동은 파리협정 재가입이었습니다. 엄청난 공을 들인 끝에 2022년 8월 '인플레이션 감축법Inflation Reduction Act, IRA'을 극적으로 통과시켰고요. 법안 이름과는 달리 IRA의 핵심은 에너지 안보와 기후변화 대응을 위해 총력을 기울이겠다는 미국의 의지를 천명한 데 있습니다. IRA가 명시한 전체 투자액의 84%인 약 480조 원을 에너지와 기후위기 대응에 쏟아붓겠다고 합니다. 재생에너지와 전력망 확충, 전기차 투자와 보급 확대와 같은 그린산업 발전에 미국의 역량을 집중하겠다는 겁니다.

화석연료 시대의 종말

20세기 후반부터 지구온난화에 대한 우려가 심해지면서 지구를 지키기 위한 많은 사람의 노력이 있었습니다. 세계 곳곳에서 시민사회 운동가와 청년들이 간절하게 호소했죠. 스웨덴의 그레타 툰베리 같은 청소년 활동가의 날 선 비판이 세계적인 반향을 얻기도 했고요. 그 덕분에 탄소 배출을 줄이기 위한 개인의 작은 실천은 많은 나라에서 이미 상식이 됐습니다. 우리 주변에도 자전거를 이용하거나 제로 폐기물 운동을 실천하는 분들을 심심찮게 볼 수 있죠. 지구에 조금의 환경적인 악영향도 끼치지 않고 살아보겠다는 '노 임팩트No Impact' 실험도 화제가 됐습니다.

기후위기에 대한 사람들의 주의를 환기하는 데에는 시민사회가 크게 기여했고, 지금도 그 열정은 지속되고 있습니다. 전 세계가 화석연료 시대의 종말이 다가왔음을 점차 인정하고 있습니다. 이러한 변화를 이끌어내는 데는 먼저 깨닫고 외치고 실천한 사람들의 역할이 컸습니다. 지구를 지키기 위해 희생과 헌신, 연대로 무장한 분들이죠. 지속가능한 미래를 위해 윤리와 사명감으로 무장한 이들이 먼저 나서서 목소리를 높인 것입니다.

그런데 한번 생각해 볼까요. 한 세기가 넘도록 인류는 값싸고 풍부한 화석연료를 태우면서 대량생산과 대량소비의 속도를 높이는 데 매진해 왔습니다. 이런 상황에서 환경을 지키기 위해 경제활동 방식을 완전히 바꿔야 한다고 주장하는 것은 오직 신념 하나로 세상의 거대한 벽을 무너뜨리기 위해 뚜벅뚜벅 걸어야 하는 외로운 길과 같았죠. 어찌 보면 현실성 없는 확신, 메아리 없는 외침처럼 보일 수 있었습니다.

문제는 이제부터입니다. 기후위기 대응은 더 이상 도덕적 책임과 자기희생의 문제가 아닙니다. 기후는 경제와 자본의 문제로 진화하고 있습니다. 환경을 살리고 기후를 지키기 위한 지금까지의 노력과는 차원이 다른, '그다음'이 오고 있습니다. 화석연료 시대의 종말을 앞당기는 거대한 흐름이 일어나고 있다는 말입니다. 앞서 말씀드린 여러 나라들이 국가 차원에서 어떤 변화를 추구하고 있는지 상기해 보세요. 화석연료를 버리고 경제활동 방식을 바꾸기 위해 이토록 열심인 이유가 무엇일까요? 단기적인 경제 득실로 보면 자칫 손해일지도 모를 선택을 왜 하는 걸까요? 오로지 지구환경을 지키고 다음 세대가 살아갈 터전을 보호하기 위한 도덕적 책임감으로 추진하는 정책일까요?

그렇지 않습니다. 이들 국가의 탈탄소 정책에는 기후 대응을 통해 경제를 살리고 일자리를 늘리겠다는 의도가 숨어 있습니다. 위기를 기회로 만들어 새로운 시장을 선점하고 경쟁력을 확보하겠다는 것이죠. 세계 경제가 요동치고 있습니다. 탈탄소를 기치로 창조적 파괴와 창조적 혁신이 한꺼번에 일어나고 있습니다. 이 흐름에 동참하지 못한 국가는 경쟁에서 탈락할 것이고, 동참하고 싶지만 준비하지 못한 국가는 고통을 맛보게 될 것입니다. 개인의 소소한 일상부터 국가의 운명을 좌우하는 경제정책에 이르기까지 기후를 중심으로 세상이 움직이고 있습니다.

세 시간 동안 교양과목 특강을 진행하면서 학부생들이 던진 질문을 두고 그들과 많은 얘기를 나누었습니다. 기후변화 이슈의 근저에 세대 간 이해 상충과 형평성 문제가 놓여 있음을 다시금 확인할 수 있었죠. 청년들은 탈탄소와 에너지전환이 필요하다고 인식하면서도, 그들 앞에 놓인 불확실한 미래를 두려워했습니다. 자신의 지속가능한 미래를 위해서 일자리 문제를 매우 중요하게 생각하고 있다는 것도 알 수 있었죠.

제가 학생들의 질문에 대해 모두 속 시원한 해결책을 갖고 있는 건 아닙니다. 기후변화는 인류의 미래와 직결되는 거대담론이기 때문입니다. 한 분야의 전문가 혼자서 감당할 수 없는 복잡하고 어려운 이슈죠. 하지만 경제학자의 관점에서 하고 싶은 얘기는 많습니다. 다음 장에서는 경제발전 경로 속에서 형성되었을 우리 국민의 인식과 관점을 토대로, 기후위기를 바라보는 '한국인'의 속마음을 읽어보고자 합니다. 만약 우리나라가 유독 기후문제 대응에 소극적이라면 그 이유는 무엇인지, 어디서부터 실타래를 풀어가야 할지 제 생각을 여러분과 나눠보겠습니다.

10장

주도자가 될 것인가,
희생자가 될 것인가?

코로나 팬데믹이 찾아오며 2020년 이후 학술행사는 거의 예외 없이 온라인 화상으로 진행됐습니다. 덕분에 저는 기후와 글로벌경제를 주제로 세계적인 학자나 전문가와의 대담과 토론에 참여할 기회를 자주 가질 수 있었습니다. 인상 깊었던 몇몇 견해를 나누고자 합니다.

세계적 베스트셀러인 『미시경제학』의 저자로 잘 알려진 로버트 핀다이크Robert Pindyck 미국 MIT 경영대학 석좌교수는 "기후재앙Climate Catastrophe을 막기 위해서는 탄소세 도입이 필수적이며, 톤당 탄소세율은 200달러 수준이 돼야 한다"라고 주장했습니다. 현재 전 세계에서 가장 높은 탄소 가격을 매기는 국가는 유럽연합으로, 배출권거래 시장에서 톤당 약 11만 원에 거래되고 있습니다. 200달러면 26만 원 정도니 얼마나 높은 세율인지 짐작할 수 있죠. 핀다이크 교수의 주장은 이처럼 높은 탄소비용을 부담하지 않으면 기후재앙을 피할 수 없음을 시사하지만, 뒤집어 생각하면 경제학자의 관점으로 볼 때 탄소비용을 충분히 매긴다면 기후위기를 극복할 길이 없지 않다는 말이기도 합니다.

마크 카니Mark Carney는 영국 중앙은행 총재를 지낸 금융인입니다. 하지만 그는 현재 '기후행동과 금융에 관한 UN 특별대사'를 맡고 있을 정도로 기후문제에 높은 식견을 갖고 있습니다. 카니는 "민간 금융기관은 기후변화를 투자 의사결정의 기준으로 삼을 필요가 있다. 이는 위험관리와 이윤 창출을 위해서는 물론, 금융기관의 사회적 책무를 다하는 길이다"라고 말했습니다. 기후변화 대응을 위한 금융의 역할과 책무를 강조한 말이었죠. 탈탄소를 중심에 둔 투자 결정이 금융기관의 위험관리와 심지어 수익 창출을 위해서도 중요하다는 코멘트가 인상 깊었습니다.

제프리 삭스 컬럼비아 대학 경제학과 석좌교수는 한국을 잘 아는 경제학자입니다. 28세에 하버드 대학 경제학과 정교수를 역임하면서 역대 최연소 테뉴어Tenure 기록을 갖고 있죠. 기후문제를 주제로 저와 대담하면서 했던 말이 기억납니다. "컬럼비아 대학이 뉴욕시 맨해튼섬에 있는데, 하루가 다르게 해수면 상승이 느껴져 두려울 정도다." 기후 대응과 에너지전환에 대한 삭스 교수의 언급입니다. "디지털 분야는 한국이 강하다. 하지만 녹색 전환은 한국에 큰 도전이 될 것이다." '도전'이라는 완곡한 표현을 사용했지만, 기후변화 대응에서 한국은 아직 갈 길이 멀다는 평가일 겁니다. 그렇다고 불가능한 목표는 아니라는 뉘앙스도 분명해 보입니다.

이분들의 주장에 어떤 공통점이 있을까요. 바로 기후위기를 극복하려면 과거에는 상상하지 못했던 사고의 전환과 실천 노력이 요구된다는 것입니다. 솔직히 말씀드리면 제 심정이 그렇습니다. 기후위기는 21세기 인류가 직면한 가장 큰 난제임이 분명하지만, 그렇다고 포기해서는 안 될 문제라는 것이죠. '기후변화는 암울한 지구촌 미래의 전조일까?', '우리 모두는 절대 빠져나오지 못할 기후위기라는 거대한 덫에 갇혀버린 것일까?', '인류에게 기후위기를 극복할 길은 정녕 없는 것일까?' 이런 비관적인 생각에 사로잡혀서는 곤란합니다. 그렇지만 다음과 같은 안일한 태도도 위험하긴 마찬가지입니다. '기후변화가 그토록 심각한 문제란 말인가?', '그보다 당장 더 어렵고 힘든 일들이 많지 않나?', '재생에너지, 재생에너지 하는데, 그걸로 전력공급이나 제대로 되겠는가.'

왜 아직 우리가 살고 있는 대한민국에서는 기후문제 대응을 위한 근본적인 변화의 흐름을 보기 힘든 걸까요. 정부의 정책도, 정치인의 발언도, 언론의 보도도, 지식인의 생각도, 기업의 자세도, 개인의 태도도, 모두 아쉽게만 보입니다. 기후문제를 애써 외면하려는 사람들의 모습, 이것이 부인할 수 없는 우리의 현주소 아닌가 하는 우려의 마음이 듭니다.

우리는 왜 기후변화를 외면하는가?

여러분은 우리 국민의 '기후 민감성'을 어느 정도로 평가하시나요? 영국의 기후운동 전문가 조지 마셜George Marshall을 만나보겠습니다. 그는 2014년 출간한 책 『기후변화의 심리학: 우리는 왜 기후변화를 외면하는가』의 저자이기도 합니다. 저는 이 책을 통해 기후변화를 부정하거나 폄훼하는 사람들의 심리적 기제를 훨씬 잘 이해하게 되었습니다.

환경운동가가 쓴 기후변화 책이라고 하면 자연스럽게 떠오르는 선입견이 있죠. '인류는 기후위기라는 백척간두 앞에 서 있다', '환경을 망친 인간의 잘못을 뉘우쳐야 한다', '기후종말을 막기 위해 우리 모두가 나서야 한다' 이런 뻔한 내용으로 가득할 거라는 생각입니다. 그런데 이 책은 우리의 예상을 보기 좋게 빗나갑니다. 본문에는 이런 문장마저 등장합니다. "…… 제발 애원하건대 생태 타령 좀 그만하라. 북극곰과 지구를 구하자는 구호를 비롯해 기후변화를 환경보호 문제로 국한하는 언어는 중단하라." 참신함을 넘어 충격적이지 않나요? 북극곰은 기후위기의 상징인데 말이죠.

조지 마셜은 책 서두에서 기후변화가 실재한다는 수많은 과학적 근거에도 불구하고 적지 않은 사람이 이를 심각하게 생각하지 않거나, 심지어 적대적으로 간주하는 심리적 배경에 대해 질문합니다. 기후변화를 받아들이는 것은 너무나 고통스러운 일이기에 사람들은 정보를 선별하거나 사실을 부정하는 것이 아닐까. 홍수와 가뭄, 폭풍의 직접적인 피해 당사자들이 기후변화에 대해 말하기를 주저할 뿐만 아니라 증거 자체를 고의적으로 무시하는 이유는 무엇일까.

기후변화 회의론자가 가진 심리 상태를 어떻게 이해해야 할까요. 여기에 대한 조지 마셜의 직관을 엿볼 수 있는 몇 가지 대목을 말해보겠습니다. 먼저 '확증 편향Confirmation Bias'입니다. 확증 편향이란 기존에 자신에게 형성된 지식과 태도, 신념과 가치관을 뒷받침할 수 있는 증거만을 적극적으로 받아들이는 경향을 말합니다. 쉽게 말해서 사람들은 자기가 믿고 싶은 것만 믿고, 듣고 싶은 것만 듣는다는 거죠. 기후변화와 관련한 얘기가 나오기만 하면 마음의 문을 닫는 사람은 기후 담론을 거대한 음모의 일부라고 생각할지도 모릅니다. 이런 사람에게 화석연료를 포기하고 재생에너지를 사용해야 한다는 호소가 먹혀들 리 없죠.

조지 마셜은 행동경제학의 창시자인 노벨 경제학상 수상자 대니얼 카너먼Daniel Kahneman을 직접 인터뷰합니다. 카너먼은 경제학에 심리학을 접목한 학자로 유명하죠. 카너먼은 이익은 없고 손실만 걱정해야 하는 문제는 사람들이 좋아하지 않기에 관심을 끌기 어렵다고 말합니다. 단기적인 손실이 아니라 장기에 걸친 손실이라면 더욱 관심을 갖지 않고요. 게다가 불확실성마저 크다면 말할 필요도 없죠. 문제는 기후변화가 이러한 요소를 골고루 갖춘 이슈라는 겁니다. 기후변화 피해로 미래에 불확실한 손해가 발생할 수 있다는 주장에 대해 사람들은 무관심하거나 고개를 가로젓는다는 것이죠.

'기후문제에 대한 사람들의 심리적 장벽을 어떻게 극복할 수 있겠는가'라는 마셜의 질문에 카너먼은 답합니다. "아무리 심리적 각성이 높아진다고 해도 생활수준의 하락을 꺼리는 마음을 극복하지는 못할 겁니다. 한마디로 말해 그리 희망이 없다고 생각합니다." 저는 카너먼의 비관주의에 적지 않은 통찰이 숨어 있다고 믿습니다. 기후위기 해결의 출발은 미래에 발생할 편익을 위해 지금 기꺼이 비용을 치를 사람들이 더 많아지는 데 있기 때문입니다.

조지 마셜은 기후위기 극복에 동참하자고 호소하는 전문가나 환경운동가들이 너무 당위적인 언행에 익숙해져 있다고 지적합니다. 마치 '우리'는 올바르고, '너희'는 잘못됐다는 식으로 접근한다는 겁니다. 이렇게 해서는 공감대를 넓히기 어렵다고 말합니다. 대신, 기후변화의 과학적 근거와 행동 변화의 필요성에 회의적인 사람들에게는 그들이 중요하게 생각하는 가치를 들어 호소하는 것이 필요하다고 주장합니다. 예를 들어 기후변화에 대응해야 하는 이유는 자녀 사랑, 건강 유지, 안전 보장, 공동체 번영 때문임을 강조하는 식이죠. 우리 사회가 인정하는 보편적인 가치와 연결해야 더 많은 사람을 설득할 수 있을 거라는 주장입니다.

공동체 번영을 위해서는 경제발전, 일자리 만들기와 같은 먹고사는 문제가 마땅히 전제돼야 합니다. 이것이 바로 제가 강조하는 기후와 경제의 연결고리입니다. 화석연료가 온실가스를 배출하는 부작용을 일으킨 것은 부인할 수 없는 사실이지만, 한편으로는 산업혁명 이후 인류의 번영과 풍요에 기여해 왔다는 점도 인정하는 열린 마음이 필요한 것이죠. 이렇듯 균형 잡힌 관점이야말로 기후문제를 풀어가는 현실적인 출발점이라고 생각합니다.

조지 마셜의 통찰을 우리나라에 적용해 볼까요. 한국은 제2차 세계대전 이후 세계 경제성장사에 큰 획을 그은 나라입니다. 1962년 1인당 소득 90달러로 최빈국이었던 나라가 오늘날 3만 5000달러의 소득을 자랑하는 선진국이 되었습니다. 1962년부터 1991년까지 30년간 연평균 실질경제성장률이 10%에 육박했죠. 지금 생각하면 기적과 같은 일입니다. '한강의 기적'을 온몸으로 이뤄낸 산업화 세대가 70세 이상의 어르신들입니다. 이분들은 고도성장의 주역이면서 무척 험난한 삶을 살아왔습니다. 식민지 시대와 그 직후에 출생해서 분단과 전쟁, 혁명과 쿠데타로 점철된 정치적 혼란을 겪은 분들입니다.

그것뿐인가요. 돈이 없어 배를 곯거나 하고 싶은 공부를 하지 못하는 어린 시절을 보냈으며, 다리가 무너지고 건물이 붕괴하며 땅이 주저앉는 사건과 사고가 일상사였습니다. 산업화 세대의 유일한 목표는 가난 극복과 먹고사는 문제의 해결이었습니다. 환경과 안전과 건강을 생각하고 돌볼 틈이 없었죠. 이 분들에게는 미래를 바라볼 여유가 없었다는 것이 저의 진단입니다. 오직 현재만 존재했을 따름이죠. 산업화 세대는 평생 높은 사회적 할인율로 미래를 인식하며 살아왔던 분들이라고 저는 생각합니다.

산업화 세대는 기후변화 문제를 어떻게 받아들일까요. 불확실로 점철된 내일보다는 오늘의 생존이 중요했던 분들에게 기후위기는 너무 배부른 먼 나라 얘기로 들리지 않을까요. 나와 내 가족이 당장 먹고살 집이 없어 거리에 나앉을 판인데, 무슨 한가한 날씨 타령이냐? 공장을 제대로 돌리려면 커다란 발전소에서 전기를 만들어야지, 바람개비 같은 풍력발전기로 필요한 에너지를 어떻게 다 충당하겠느냐? 이것이 산업화 세대가 공유하는 정서 아닐까요. 전형적인 기후변화 회의론자의 모습이죠.

재생에너지에 관한 세 가지 오해

기후문제에 대한 부정적 심리가 적나라하게 드러나는 사례가 있습니다. 바로 재생에너지에 대한 비판적 시각입니다. 비판을 넘어 비난으로, 심지어 괴담 수준으로 비화하는 경우도 있죠. 우리나라에서 재생에너지만큼 확증 편향이 강력한 위력을 발휘하는 분야도 없을 겁니다.

요새는 좀 잦아들었습니다만, 한동안 태양광 패널이 유해 중금속 덩어리라는 소문이 돌았습니다. 우리나라에서 제조하고 유통하고 설치하는 태양광 발전소는 100% 실리콘, 다시 말해 모래 성분인 규소로 만들어지고 있는데도요. 인체에 해로운 중금속과는 아무런 상관이 없습니다. 물론 이런 거짓 정보를 생산하고 확산시킨 언론도 문제지만, 이처럼 잘못된 얘기에 영향을 받는 것 자체가 기후위기를 거부하는 심리적 기제가 작용하고 있다는 증거 아닐까요. 독일 현지에 가봤더니 이미 태양광 패널을 재활용하는 산업이 번창하고 있었습니다. 오래된 패널을 수집하고 운반해 재활용한 후 판매하는 산업 생태계가 구축돼 있더군요.

우리 주변에서 종종 들을 수 있는 재생에너지에 관한 잘못된 정보 세 가지를 말해보겠습니다. 첫째, 우리 국토는 좁아서 재생에너지에 맞지 않는다는 오해입니다. 산지가 60%가 넘는 한국에서 산을 깎아 태양광 발전소를 설치하는 건 한계가 있다,

재생에너지로 모든 전기를 공급하려면 남한 면적의 반을 태양광으로 덮어야 한다, 이런 말들이죠. 모두 틀린 주장입니다. 사실은 이렇습니다. 2050년까지 우리나라가 탄소중립을 달성하려면 태양광과 풍력 설비를 지금보다 약 20배 더 늘려야 합니다. 이 중 태양광 설비 규모는 350~400GW 정도 돼야 하고요. 이 목표를 달성하려면 태양광 패널 18% 효율을 기준으로 국토 면적의 3.5~4%가 필요할 것으로 예상합니다. 서울시 면적의 여섯 배 정도죠. 적지 않은 면적인 것은 맞습니다.

이렇게 생각해 보면 어떨까요. 우리나라 농지 면적은 전 국토의 18%입니다. 이 정도 규모의 농지에서 농사를 짓지만, 우리나라 곡물 자급률은 2020년 기준 19.3%에 불과합니다. 사료를 포함한 곡물 대부분을 수입에 의존하고 있다는 거죠. 만약 우리가 국토의 3.5%를 사용해서 순수한 국산 에너지인 재생에너지로 경제를 돌리고 탄소중립을 달성한다면 매우 바람직한 일 아닐까요? 의지와 노력만 있다면 충분히 해낼 수 있는 일이라고 생각합니다.

더욱이 기술혁신으로 재생에너지 효율은 나날이 높아지고 있습니다. 이미 패널 효율 24%인 제품이 시장에 나오고 있죠. 그만큼 태양광 발전소 설치를 위한 부지 면적이 줄어든다는 의

미입니다. 태양광 발전은 건물과 공장, 심지어 주택 옥상에서도 가능하다는 장점이 있습니다. 저의 부모님만 해도 집 옥상에 3kW(킬로와트) 크기의 주택용 태양광 패널을 설치했습니다. 한 달 전기요금을 거의 내지 않을 때가 많다고 좋아하십니다. 설치한 지 7년 정도 지났는데 이미 초기 설치비를 모두 회수했다고요.

둘째, 한국 날씨는 재생에너지에 맞지 않는다는 오해입니다. 우리나라는 일사량이 적고 바람이 잘 불지 않아 태양광이나 풍력이 잘될 수 없다, 이런 말들이죠. 이 역시 사실이 아닙니다. 제가 질문 하나 드리겠습니다. 우리나라와 독일 중 어느 나라가 연간 일사량이 많을까요? 독일은 재생에너지 천국이니까 독일이라고 생각하는 분이 있을지도 모르겠습니다. 하지만 답은 한국입니다. 한국은 북위 33도에서 38도에 위치해 있지만, 독일은 훨씬 높은 북위 48도에서 55도에 있습니다. 당연히 한국의 연평균 일사량은 1459kWh/m^2인 반면, 독일은 1056kWh/m^2에 불과합니다. 그래도 독일 국민은 남쪽을 중심으로 태양광 발전소를 열심히 짓고 있고, 성과도 대단하죠. 태양광 시설을 설치하기에는 우리나라의 여건이 훨씬 좋은 것이 사실입니다.

풍력은 또 어떤가요. 덴마크나 영국은 북해에서 불어오는 강한 바람 덕분에 풍력발전을 하기에 좋은 지리적 여건을 갖고 있습니다. 그렇다고 우리나라가 바람이 없는 나라인가요? 산이 많고, 3면이 바다인 나라에서 육상풍력과 해상풍력을 하지 못할 이유가 없습니다. 최근에는 바람의 특성인 풍향과 풍속에 딱 맞는 맞춤형 블레이드, 즉 바람개비를 제작한다고 합니다. 바람개비 크기도 상상하기 어려울 정도로 커졌습니다. 지름이 200미터가 넘는 거대한 해상풍력 발전기가 세계 곳곳에 세워지고 있죠. 우리나라에서도 충분히 가능한 얘기입니다. 바람이 나빠 사업성이 없다면 왜 베스타스Vestas나 오스테드Orsted와 같은 세계적인 풍력발전 회사들이 우리나라 시장에 진출하려고 할까요.

재생에너지는 발전량이 빛과 바람의 영향을 받는 특성이 있습니다. 그래서 어떤 날은 많기도 하다가, 어떤 날은 적기도 하죠. 이를 간헐성(間歇性)이라고 합니다. 따라서 안정적으로 전기를 공급하기 위해서는 추가적인 장치와 기술이 필요하죠. 대표적인 게 에너지저장장치Energy Storage System, ESS입니다. 발전량이 많을 때는 배터리에 저장해 두었다가 필요할 때 꺼내 쓰는 기술입니다. 잘 활용하면 상당히 효과적인 수단이 됩니다.

수요반응Demand Response, DR이라는 창의적인 방법도 있습니다.

전기 수요와 공급을 최대한 일치시키는 시장을 만들어내는 겁니다. 전기가 부족할 때는 금전 보상을 통해 기업으로 하여금 전기 소비를 일시적으로 줄이거나, 다른 시간대로 소비를 옮기도록 유도합니다. 반대로 전기가 남아돌 때는 평소보다 훨씬 싸게 전기를 공급할 테니 사용량을 늘려달라고 주문하죠. 심지어 돈을 주면서까지 전기를 쓰라고 하는 경우도 있습니다. 이런 일이 생긴다면 전기차 소비자에게는 엄청 기쁜 일이겠지요? 수요반응 시장이 효력을 발휘하려면 전력 수급 정보를 실시간으로 정확하게 전달하는 것이 중요합니다. 정보통신 기술이 최고로 발달한 우리나라에서 잠재력이 큰 사업입니다.

셋째, 재생에너지는 너무 비싸다는 오해입니다. 재생에너지를 쓰면 전기요금이 너무 많이 나올 것이다, 설비를 갖추는 데 엄청난 돈이 든다, 이런 말들이 오가죠. 역시 사실과 다릅니다. 한국자원경제학회가 최근 발표한 보고서[24]를 볼까요. 이 보고서에서는 국내외 재생에너지의 최신 현황과 발전 단가 관련 연구를 종합적으로 분석하여 결과를 제시하고 있는데요. 우리나라에서는 재생에너지 발전 단가가 아직 다른 발전원에 비해 대체로 높습니다. 1kWh당 태양광과 육상풍력이 각각 100~138원과 144원인 반면, 석탄발전 127원, 가스발전 125원, 그리고 원자력발전이 68원으로 나타나 있습니다. 문제는 2022년 들어 국제 에너지 공급 교란과 유럽에서의 전쟁으로 석탄과 천연가스 가격이 폭등하는 바람에 우리나라에서도 석탄과 가스 발전 단가가 크게 올랐다는 겁니다. 최근 가스 화력발전에서 나오는 전력 단가는 1kWh당 200원을 훌쩍 넘어 300원에 육박할 정도입니다.

그런데 해외는 정반대입니다. 보고서에서는 발전원별 평균 발전 단가를 태양광 53원, 육상풍력 55원, 원전 88원, 석탄 95원으로 제시하고 있습니다. 이미 해외에서는 더 이상 정부 보조나 지원이 없더라도 태양광과 풍력 같은 재생에너지가 가장 경쟁력 있는 에너지원이 됐다는 겁니다. 놀라셨나요? 우리나라도 2030년에는 태양광과 육상풍력이 가장 저렴한 발전원이 될 것

해외 발전원별 kWh당 발전 단가

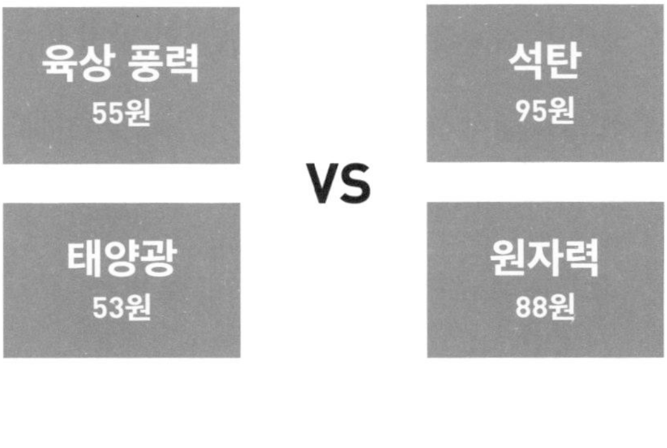

으로 보고서는 전망하고 있습니다. 이것은 무엇을 의미할까요? 탄소중립을 위해 억지로 비싼 재생에너지를 쓸 필요가 없다는 것이죠. 재생에너지가 가장 싸고 경제적인 발전원이니까요.

외국에서는 어떻게 이런 변화가 가능했을까요? 정부가 재생에너지 시장 확대를 위한 정책을 일관성 있게 추진하고, 기업은 이에 맞춰 기술혁신과 시장 개척에 최선을 다하며, 국민은 재생에너지 사용 필요성에 공감해 적극 협조한 덕분입니다. 기후위기 대응과 에너지전환을 위한 큰 걸음에 모두가 한마음, 한뜻으로 동참한 결과인 셈입니다.

우리나라도 이런 변화를 만들어내야 하지 않을까요. 재생에너지는 안 된다는 편견에서 벗어나, 정부가 불필요한 규제는 없애고 필요한 지원은 가속화한다면 빠른 시간 내에 우리나라의 재생에너지 시장도 커질 수 있을 거라 생각합니다. 현재 우리나라에서는 기업이 풍력사업을 허가받고 실제로 착공하기까지 7년 가까이 걸린다고 합니다. 왜일까요? 갖가지 규제와 민원에 시달리기 때문입니다. 유럽에서는 재생에너지 사업 절차를 최대한 간소화해서 어떤 경우는 6개월 만에 공사에 들어간다고도 합니다. 7년과 6개월, 이것이 경쟁력의 차이를 가져오는 것이죠.

덴마크 서쪽 해안에 있는 도시 에스비에르Esbjerg는 얼마 전까지만 해도 평범한 어촌이었습니다. 그런데 지금은 전 유럽의 해상풍력 사업을 주도하는 허브로 떠올랐습니다. 이곳에 직접 가봤습니다. 과거에 어촌이었다는 게 상상이 안 될 정도로 거대한 규모의 풍력발전용 설비와 터미널을 갖춘 첨단 도시였죠. 저는 우리 민족이 누구보다 일 처리가 가장 빠르다고 생각했었는데, 덴마크에 가보니 진정한 강자는 따로 있는 것 같아 내심 부러웠습니다.

녹색 전환이 돈이다

지금까지 살펴본 이야기들이 어떠신가요? 진실을 알고 나니 재생에너지에 대한 오해가 어느 정도 풀리셨나요? 아니면 여전히 재생에너지가 못 미더우신가요? 재생에너지에 대한 믿음이 한순간에 생기리라고 생각하진 않습니다. 시간이 필요할 겁니다. 저는 산업화 세대 어르신들이 기후위기를 더 잘 이해하고 공감하기 위해서는 이분들이 소중하게 생각하는 가치에 호소해야 한다고 생각합니다. 기후는 미래에 다가올 문제가 아니고 현재 우리에게 닥친 문제다, 기후는 환경문제가 아니고 경제문제다, 기후는 내 자식과 내 손주의 문제다, 이런 식으로 말이죠. 당위적으로 접근하기보다는 먹고사는 현실 문제로 다가가는 게 효과적일 거라고 생각합니다.

솔직히 말하면 지금의 청년세대라고 해서 산업화세대와 크게 다르지 않습니다. 서울대 경제학부 김세직 교수에 따르면 우리나라의 실질 경제성장률은 김영삼 정부 이후 '5년 1% 하락의 법칙'을 충실히 따랐다고 합니다. 성장이 없으니 고용이 늘어날 수 없고, 여기에 디지털화와 로봇화까지 가세하면서 일자리 상황은 더욱 열악해지는 추세죠. 아무리 열심히 공부하고 '스펙'을 쌓아도 개인의 지속가능성이 불투명한 사회에서, 청년들이 기후문제라는 지구 차원의 지속가능성을 위해 헌신하기는 쉽지 않을 겁니다. 세대별 설문조사 결과를 보면 우리나라 청년세대가 장년세대에 비해 기후변화 대응 실천 의지가 오히려 낮게 나오는 경향마저 나타나고 있으니까요.[25]

하지만 저는 두 가지 사실을 근거로 기후문제 해결을 위한 청년세대의 역할과 잠재력에 큰 기대를 갖고 있습니다. 먼저, 기후위기를 자신과 우리나라, 나아가 인류의 문제로 인식하는 '헌신하는 소수'가 존재한다는 사실입니다. 이들은 스스로를 '기후위기 세대'라고 부를 정도로 문제의 심각성에 공감하고 있죠. 제 주변은 지금 이 순간에도 기후 대응을 위해 밤낮없이 학업에 몰두하는 청년 연구자와, 정부와 기업과 주민의 인식 전환을 위해 목소리를 높이며 전국을 누비는 청년 활동가로 가득합니다. 저는 이들이 대한민국과 세계의 미래라고 확신합니다.

또 다른 한 가지는 기후위기가 청년들이 매력을 느낄 새로운 산업과 사업, 일자리를 만들어낸다는 사실입니다. 산업구조가 회색산업에서 녹색산업으로 전환하면서 고부가가치 사업 기회와 지속가능한 일자리가 끊임없이 생겨나고 있습니다. 최근에는 녹색과 디지털이 결합하는 쌍둥이 전환의 모습으로 산업 생태계가 진화하고 있죠. 자기 손바닥에 놓여 있는 스마트폰을 통해 세계 곳곳의 정보를 실시간으로 획득하는 청년세대가 이런 거대한 흐름을 모를 리 없습니다. 한마디로 기후를 중심으로 돈이 움직인다는 겁니다. 이것이 제가 다음 장에서 다룰 이야기입니다.

11장

기후를 중심으로 그린머니가 움직인다

30여 년 전인 총각 때의 이야기입니다. 유학 시절 방학 중 짬을 내어 오랜만에 귀국한 적이 있었습니다. 그때는 요즘과 달리 남자는 20대 중후반이면 결혼하는 분위기였는데요. 하루는 친척 주선으로 여성 한 분을 소개받았습니다. 1990년대 초 남성 유학생은 결혼 상대로 그다지 인기 있는 직업군에 들지 못했던 것으로 기억합니다. 낯선 이국땅에서 생활하는 데 따른 기회비용이 적지 않은 데다, 미래의 불확실성이 크기 때문이었겠지요. 상대방에게서 들었던 질문이 기억납니다. "무슨 공부 하세요?" 박사과정 중이었기에 생각하고 있는 논문 주제를 포함하여 환경경제학 분야를 전공한다고 말했습니다. 바로 돌아온 질문은 이랬습니다. "그런 공부도 있어요?"

그 순간 '이렇게 차이겠구나'라는 생각이 머리를 스치고 지나갔습니다. 조금 당황했지만, 마음을 가다듬고 보니 충분히 그렇게 반응할 수 있겠다는 생각이 들었습니다. 당시로서는 환경 분야가 경제학에서 별로 알려지지 않은 데다, 환경과 경제가 합쳐진 학문 분야라는 것이 어색하게 들렸을 수도 있었을 겁니다. 재미있는 사실은 이건 저만의 경험이 아니라는 것이죠. 미국 환경·자원경제학회Association of Environmental and Resource Economics 회장을 역임한 톰 티텐버그Tom Tietenberg 교수가 쓴 경제학 교과서 서문에는 다음과 같은 일화가 나옵니다. 하루는 티텐버그 교수가 학회 참석을 위해 비행기를 탔는데, 마침 옆자리에 앉은 승객과 대화를 주고받게 됐답니다. 어딜 가느냐, 어디에 사느냐와 같은 의례적인 말이 오간 후 직업을 묻기에 환경경제학자라고 답했더니 그 승객이 보인 반응이 이랬답니다. "환경과 경제는 서로 상충하는 개념 아닌가요?"

1994년 환경에너지 분야의 경제학 박사학위를 받고 한국에 돌아온 이후, 저 역시 티텐버그 교수와 비슷한 경험을 하곤 했습니다. 처음에는 그런 반응이 영 어색했지만, 나중에는 궁금해지기 시작했습니다. '어떤 배경을 가진 사람이 환경경제라는 분야에 대해 편향적인 시각을 드러낼까?' 하는 궁금증이었죠. 예상대로 산업계에 종사하는 분들에게서 이러한 반응이 좀 더 분명하게 나타나곤 했습니다.

그런데 어느 날부턴가 저를 대하는 세상의 모습이 달라졌습니다. 최근 대기업과 중견·중소기업, 벤처기업을 막론하고 많은 기업에서 저에게 자문을 구하는 경우가 부쩍 늘었습니다. 산업계 전반에 걸쳐 일어나고 있는 기후 대응과 탈탄소 흐름에 따른 시장 환경 변화가 기업경영에 미칠 영향에 대해 관심이 높아진 것이죠.

너 나 할 것 없이 기후문제의 심각성을 인식하고 대응 수단을 강구하다 보니, 경제활동 방식에도 근본적인 변화가 요구되는 세상이 됐습니다. 기후위기로 세상은 점점 살기 어려워지고 있는데, 반대로 제가 공부한 분야에 대한 편견은 눈 녹듯 사라지고 학문과 교육 수요가 늘어나는 새로운 세상을 경험하고 있습니다. 저의 20대는 온통 불확실한 미래로 가득 차 있었는데, 지금은 기후와 환경문제를 공부하고 싶다는 학부생과 대학원생을 곳곳에서 만날 수 있습니다. 위기는 기회와 수요를 창출합니다.

세계 경제 판도가 흔들린다

21세기 인류가 직면한 가장 큰 위험 요소인 기후변화야말로 환경과 경제가 얼마나 밀접히 맞물려 있는지 웅변하는 대표적인 사례입니다. 어느 한쪽만 봐서는 문제를 해결할 수 없습니다. 인류가 기후변화에 대응할 수 있는 수단은 딱 두 가지입니다. 하나는 기후변화를 일으키는 원인인 온실가스를 줄여 피해를 경감하는 것이고, 다른 하나는 이미 더워진 지구환경에 맞춰 살아가는 것이죠. 전자를 '완화Mitigation', 후자를 '적응Adaptation'이라고 부릅니다. 그런데 생각해 보면 완화와 적응 모두 돈과 긴밀히 연결되어 있음을 알 수 있습니다.

온실가스를 줄이려면 탄소를 배출하지 않는 새로운 기술을 개발해서 산업 공정에 적용해야 합니다. 새로운 기술 확보에는 많은 투자가 필요하죠. 철강 산업을 예로 들어보겠습니다. 전 세계 철강 제조 과정에서 배출되는 탄소 총량은 산업부문 글로벌 배출량의 25%에 달합니다. 이 수치가 한국에서는 39%나 되고요. 엄청난 비중입니다. 철강 1톤을 생산할 때 약 1.85톤의 이산화탄소를 배출합니다. 석탄으로 만든 코크스를 철광석 제련 과정에 사용하기 때문이죠. 150년이나 된 이 기술은 여전히 사용되고 있습니다. 탄소 배출을 줄이기 위해서는 대체 기술이 필요한데요, 이른바 '수소환원제철' 공법입니다. 석탄 대신 수소를 사용해서 철을 분리하는 것이죠. 문제는 이 공법이 매우 비싸다는 겁니다. 기후변화 완화 노력이 돈과 직접 관련돼 있는 이유입니다.

기후위기 속에서 생존하기 위한 인간의 적응 노력은 어떨까요. 기후변화는 해수면 상승과 홍수, 폭염 위험성을 높입니다. 앞의 7장에서 설명한 기후 젠트리피케이션, 기억나시죠? 과거에는 탁월한 경관 때문에 해안가에 있는 집이 비쌌습니다. 그런데 해수면이 상승해서 집에 바닷물이 들이닥치는 광경을 상상해 보세요. 한마디로 무섭습니다. 당장 추가적인 방수 시설을 설치해야 할 겁니다. 아예 바다와 멀리 떨어진 높은 지대로 이사 갈 수도 있고요. 수요 증가에 따라 고지대의 집값이 오르게 됩니다. 원래 이곳에 살고 있던 사람들은 비싼 집값을 감당하지 못하고 하는 수 없이 다른 지역으로 떠나야 하겠죠. 이사 도미노 현상이 생기는 겁니다. 기후변화 때문에 막대한 사회적 비용이 발생하는 것이죠.

그뿐 아닙니다. 홍수에 취약한 도심 저지대나 산지 지역은 비 피해를 막기 위해 지하 방수로나 사방댐과 같은 대대적인 인프라 투자를 필요로 합니다. 중앙정부나 지자체 재원이 들어가야 하고, 이는 국민 세금을 써야 한다는 뜻이죠. 거리를 가다가 여름철 폭염에 대비해 사거리 횡단보도 근처에 설치한 커다란 파라솔을 본 적이 있으실 겁니다. 이러한 시설 제작과 설치, 관리에도 돈이 들어갑니다. 지자체가 앞다투어 도심에 파라솔 설치를 추진한다면 민간에는 새로운 사업과 투자 기회가 생기게 되겠죠. 기후변화 적응 노력 역시 돈과 직결돼 있음을 알 수 있습니다.

여러분 중에는 온실가스 감축은 국가 단위에서 이루어져야 한다고 생각하시는 분이 있을지 모릅니다. 네, 맞습니다. 국가 전체적으로 감축 목표를 세우고 로드맵을 만들어 실천하는 것은 정부의 역할입니다. 하지만 개별 경제주체 차원에서도 탄소 감축에 발 벗고 나서는 경우가 적지 않습니다.

윈도우Windows라는 컴퓨터 운영체제 개발로 유명한 마이크로소프트Microsoft의 사례를 들어보겠습니다. 지금부터 10년 전인 2012년, 마이크로소프트는 '지구에 유익한 것은 비즈니스에도 유익하다'는 모토를 내걸고 회사 내에 '탄소부담금Carbon Fee' 제도를 전격 도입했습니다. 탄소부담금이라는 용어는 듣기만 해도 정부가 만든 규제제도라는 느낌이 확 오실 겁니다. 하지만 엄연히 기업 단위에서 자발적으로 이루어진 정책입니다. 데이터 센터, 사무실, 실험실 등 회사 내 모든 부서에서 배출하는 탄소에 대해 일정한 금액의 세금을 강제적으로 부과하겠다는 겁니다.

이것은 모든 회사 구성원으로 하여금 탄소 배출 행위에 대해 돈으로 책임질 것을 선언한 것이나 마찬가지입니다. 새롭다 못해 충격적이죠? 경제주체들이 제일 싫어하는 게 세금일 텐데, 이를 기업 내 모든 부서에 부과하겠다는 발상이니 말입니다. 그만큼 회사 전체적으로 에너지를 효율적으로 쓰고, 재생에너지를 더 많이 사용하라는 권고인 셈이죠. 선언만 한 것이 아니고, 실천 면에서도 매우 철저했습니다. 전기 사용과 물품 조달, 제품 공급망과 생산 과정, 심지어 직원의 해외 출장과 출퇴근 등 부서별 업무 영역에서 발생하는 모든 탄소 배출을 추적했습니다. 이 수치를 근거로 매년 부담금을 산정하는 방식을 도입한 것이죠.

마이크로소프트가 시작한 탄소부담금 제도의 정책 효과는 놀라웠습니다. 750만 톤에 달하는 이산화탄소를 줄였을 뿐만 아니라, 이렇게 거둔 부담금 수입으로 100억kWh에 달하는 재생에너지를 구입할 수 있었습니다. 무엇보다 중요한 건 회사 전체로 볼 때 매년 1000만 달러의 비용을 절감했다는 것이죠. 탄소부담금 제도는 회사 구성원들에게 탄소 문제의 심각성을 인식하게 함으로써 의사결정을 할 때 기후 책임성을 고려할 수 있도록 이끌었습니다. 자연스럽게 에너지 효율을 높이고, 에너지 비용을 줄이며, 업무 전반의 환경친화성을 실현할 수 있었고요. 상상해 보세요. 부서 내 동료들끼리 어떻게 하면 탄소 배출을 줄여 부담금을 적게 낼 수 있을까, 머리를 맞대고 아이디어 회의를 하는 모습을요. 마이크로소프트는 소프트웨어 개발은 물론, 탄소 감축 측면에서도 혁신적인 정책을 만들어낸 아이콘으로 자리매김했습니다.

여러분께 질문 하나를 드리겠습니다. 글로벌시장에서 누가 가장 먼저 기후변화 문제에 민감한 반응을 보일까요? 바로 돈을 거머쥔 투자자들입니다. 언제부턴가 이들은 기업이 경영 전략을 세울 때 환경과 기후를 얼마나 감안하는지 예의 주시하기 시작했습니다. 《이코노미스트》는 2021년 1년 동안 세계 금융시장 흐름을 대표하는 키워드의 하나로 '녹색금융Green Finance'을 뽑았습니다. 전기차나 배터리 등 기후 기술Climate Tech 분야 스타트업 투자가 2021년 상반기에만 600억 달러 규모에 달하고, 전 세계 20개국 정부가 발행한 녹색채권Green Government Bond이 시장을 점령했다고 보도했습니다. 2021년 10월 유럽연합 차원에서는 처음으로 녹색채권을 발행했는데, 120억 유로어치가 바로 팔려나갔습니다. 돈의 논리가 가장 냉혹합니다. 경제 패러다임이 환경을 주목하는 지금, 기후변화를 경영전략의 중심에 두고 새로운 전환을 모색하는 기업을 투자자들은 두 팔 벌려 환영할 테지만, 그렇지 않은 기업들에는 가차 없이 냉혹한 평가를 내릴 겁니다.

투자자들의 활약이 가장 빛나는 곳이 어디겠습니까? 바로 주식시장입니다. 제 연구 결과를 하나 소개하겠습니다.[26] 세계은행 박사들과 함께 우리나라에서 어떤 회사 주식들이 시장에서 외면당하는가를 연구했습니다. 핵심은 환경문제였습니다. 환경문제를 일으킨 기업들의 주식 가격이, 그 사실이 언론에 보도된 시점 이후 떨어진다는 사실을 발견했습니다. 환경에 민감한 투자자들이 기업에 대한 부정적인 뉴스에 곧바로 반응하여 투자금을 회수한 겁니다.

좀 더 자세히 볼까요. 1990년부터 2000년대 초반에 이르는 10여 년 동안 우리 정부의 환경규제를 위반한 기업 사례 총 7073건을 모두 조사했습니다. 이 중 주식시장에 상장된 기업들을 대상으로 환경 기준을 위반했다는 뉴스 전후의 주가 변동을 살펴봤고요. 금융경제학 분야에서 많이 사용하는 이른바 '사건

연구Event Study' 기법을 사용했습니다. 분석해 보니 관련 뉴스가 발표된 날을 기준으로 이후 사흘 동안 해당 기업들의 주가 하락률은 9.7%에 달했습니다. 재미있는 발견은 환경 위반 정도가 심할수록 좀 더 많은 신문에 보도가 이루어졌고, 주가에 미치는 부정적 영향도 더 큰 것으로 나타났다는 점입니다. 해당 기업 뉴스가 언론에 한두 개 보도된 경우 하락률이 4.5%였지만, 대여섯 개 신문에 보도된 경우에는 주가가 39.2%나 떨어졌습니다. 그만큼 확연히 차이를 보였죠. 여러 국제적인 후속 연구를 통해 주가 하락을 경험한 기업들이 추후 환경규제에 순응하고 환경친화적인 기업이 되기 위해 기업 역량을 투입한다는 증거도 확인할 수 있었습니다.

탈탄소경쟁력이 국가경쟁력이 되는 시대

기후위기의 심각성에 대한 글로벌 컨센서스가 확립되면서 실물경제와 금융시장이 요동치고 있습니다. 자본이 기후를 중심으로 움직이는 것이죠. 국제무역 질서가 기후 대응 기조에 따라 재편되고 있고, 기관투자자들이 기업의 기후경영을 투자 결정의 최우선 기준으로 삼고 있습니다. 저는 확신을 갖고 예측합니다. 향후 10년 내 탈탄소 무역질서가 새로운 국제무역 규범으로 자리 잡을 것이라고. 그 까닭을 글로벌기업, 국제 금융시장, 국가 정책의 관점에서 얘기해 보겠습니다. 이 세 가지를 각각 영어 약자인 RE100, ESG, CBAM으로 기억해 두시면 좋습니다. 하나씩 살펴보죠.

먼저 살펴볼 것은 글로벌기업의 녹색전환 경영전략입니다. 세계적인 기업들이 전력의 100%를 재생에너지로만 공급받겠다는 'RE100' 선언을 했는데요. RE100이 무엇인지 정확히 알 필요가 있습니다. RE100은 기후위기에 대응하기 위해 국제 시민단체가 주도하고 있는 글로벌 캠페인입니다. 가입 대상은 연간 100GWh 이상의 전기를 사용하는 글로벌기업이고요. 여기에 가입한 기업은 재생에너지로 만든 전기만 써서 공장을 가동하고 사무실을 운영할 것을 약속합니다. RE100 공식 지침서는 재생에너지의 범위를 바이오, 지열, 태양광, 물, 풍력을 이용해 생산한 전기로 명확히 규정하고 있죠. 현재 390여 개 기업이 자발적으로 참여하고 있습니다.

RE100 회원을 유지하기 위한 조건들이 있습니다. 기업 스스로 생산하는 전기와 외부로부터 공급받는 전기 모두 재생에너지를 사용해야 합니다. 2030년과 2040년까지 최소 60%와 90%에 도달해야 하고, 늦어도 2050년에는 100%를 달성해야 하죠. 중요한 점은 참여 기업들이 자체적으로 설정한 100% 재생에너지 사용 목표 연도가 20년을 앞당긴 2030년이라는 사실입니다. 조기 목표 달성을 위해 서로 경쟁하는 형국입니다.

이것으로 끝이 아닙니다. RE100을 주도하는 기업들은 글로벌 공급사슬로 연결돼 있는 다른 기업들에도 재생에너지 사용을 요구하고 있습니다. 시가총액 세계 1위 기업인 애플이 대표적입니다. 애플에 반도체를 납품하려면 재생에너지로 만든 전기를 사용하라는 것이죠. 우리나라 기업들도 당장 이러한 압박을 받고 있습니다. 앞으로 우리 기업들이 재생에너지로 만든 전력을 사용하지 않는다면 수출길이 막힐 수도 있다는 뜻입니다. 이러한 시장의 변화를 체감한 우리나라 글로벌기업들도 RE100 캠페인에 이름을 올리고 있습니다. 2020년 SK그룹 여섯 개 기업이 국내에서는 처음으로 RE100에 가입했습니다. 2021년에는 아모레퍼시픽, LG에너지솔루션, 한국수자원공사, KT, 고려아연, KB금융, 미래에셋증권, 롯데칠성음료 등 다양한 업종의 기업들이 참여를 선언했고, 2022년 상반기에는 드디어 현대자동차와 기아가 RE100에 동참하겠다고 발표했습니다.

2022년 9월 삼성전자가 RE100에 가입한 '사건' 기억하시나요? 시가총액, 매출액 등 어떤 기준으로도 우리나라를 대표하는 기업인 삼성전자가 왜 이 시점에 RE100 가입을 선언해야 했을까요? 삼성전자의 핵심 고객인 애플이 무엇을 요구하는지 잘 알고 있었기 때문일 겁니다. 만약 삼성전자가 RE100 조건을 제때 충족하지 못한다면 애플은 지난 2020년 이미 RE100에 가입한 대만의 TSMC로 거래처를 옮길 수도 있다는 의지를 보인 것이죠. 현재 대만은 거대 규모의 해상풍력 단지 조성에 박차를 가하고 있습니다. 자국 대표 기업인 TSMC에 재생에너지 전기를 몰아줄 기세입니다.

삼성전자는 국내 전기 사용 1위 기업입니다. 60% 이상의 전기를 석탄과 가스로 만드는 우리나라 전력 공급 구조상 전기 소비는 곧바로 탄소 배출로 이어지죠. 삼성전자의 국내 반도체 공장 증설 계획에 따라 2030년 전력 소비량은 지금보다 두 배 늘어날 것으로 전망되고 있습니다. 2021년 기준 우리나라 재생에너지 발전 비중은 7.5%입니다. 경제협력개발기구OECD 38개국 평균은 31.3%이니, 한국은 압도적인 꼴찌에 머물러 있는 셈이죠. 재생에너지 공급량은 적고, 전기 소비량은 계속 늘어나는 상황에서 삼성전자는 RE100 가입을 결정한 것입니다. 글로벌 차원의 재생에너지 사용 요구가 임계점에 도달했다는 증거입니다. 더 미뤘다가는 시장에서 낙오할 수밖에 없다는 위기의식의 발로라고 할 수 있겠죠.

RE100에 가장 적극적인 분야는 많은 에너지와 전기를 사용하고 있는 정보통신기술ICT 기업들입니다. 애플은 2018년 4월 세계 곳곳에 있는 자사의 모든 데이터 센터가 재생에너지로 가동된다고 발표했습니다. 여기서 멈추지 않고 2030년까지 글로벌시장에서 거래관계에 있는 모든 기업까지 재생에너지 전력을 사용하게끔 하겠다고 선언했고요. 무서울 정도로 철저한 기후대응 전략입니다. 한편 구글은 2017년 자사의 데이터 센터를 100% 재생에너지로 가동하는 데 성공했습니다. 현재 구글은 재생에너지 인프라에 총 35억 달러를 투자하며 20개의 재생에너지 프로젝트를 운영하고 있습니다. 페이스북도 향후 건립하는 모든 새로운 데이터 센터를 100% 재생에너지로 가동할 것이라고 발표했고요.

엄청난 전력을 소비하고 있는 거대 기술 기업들이 적지 않은 비용이 수반될 수 있는 리스크를 감수하면서 경영전략을 180도 전환하고 있는데요, 이유는 분명합니다. 기후위기에 적극 대처하지 않는 기업은 글로벌시장에서 외면당할 것이라는 현실 인식 때문입니다. 탄소 배출을 줄이면서 재생에너지를 활용하는 기후경영에 전념하는 기업들을 투자자와 소비자들이 환영한다는 사실을 온몸으로 느끼고 있는 것이죠. 기후 리스크를 기업경영의 핵심 요소로 포함할 때 궁극적으로 시장에서의 경쟁력을 높일 수 있다는 고도의 전략적 판단을 한 것입니다.

이러한 거대 흐름에 우리 기업과 산업은 얼마나 잘 대처하고 있을까요? 우리나라가 빠른 시간 내에 재생에너지 확대에 성공하지 못한다면, 우리 기업들은 풍력이나 태양광으로 전력을 공급받을 수 있는 다른 나라들로 생산기지를 이전하는 불가피한 선택을 할 수도 있습니다. 반대로 한국에서는 RE100이 불

'RE100'을 선언한 글로벌 기업들

가능하다는 판단을 내린다면 해외 기업들의 한국 내 투자는 일어나지 않을 겁니다. 그 결과는 무엇일까요? 대한민국 산업생태계가 붕괴하면서 산업공동화와 일자리 상실로 이어질 것입니다. 생각하고 싶지 않은 끔찍한 상황입니다. 그렇지만 이미 이런 이유로 국내에서 해외로 신규 투자가 옮겨진 사례들이 나오고 있는 안타까운 현실입니다.

두 번째로는, 세계 자본시장이 환경보전과 사회적 책임과 같은 기업의 비재무적 성과에 주목하고 있습니다. 바로 ESG 투자입니다. 요즘 우리 사회에서 관심이 집중되고 있는 영어 약자인데 좀 어렵죠? ESG란 환경Environmental·사회Social·지배구조Governance를 뜻합니다. 금융기관이 투자를 결정할 때 기업이 얼마나 환경을 보전하고, 사회적 책임을 다하며, 투명한 지배구조를 위해 노력하는가를 기준으로 삼겠다는 것이죠. 탄소 줄이기에 최선을 다하고, 아동 노동과 같은 사회적 불의에 타협하지 않으며, 투명하고 책임성 있는 경영을 하는 기업에 투자하겠다는 선언입니다. 반대로 그렇지 않은 기업에는 투자하지 않거나, 투자한 자금을 회수하겠다는 것이고요.

과거에는 ESG를 금융권과 산업계에 잠깐 지나가는 바람 정도로 여겼지만 지금은 상황이 전혀 다릅니다. 투자 측면에서는 세계 최대 자산운용사인 블랙락BlackRock의 변신에 주목해야 합니다. 블랙락은 우리나라 GDP의 여섯 배에 달하는 무려 1경 3000조 원을 움직이는 거대 투자회사입니다. 우리나라를 대표하는 기업과 금융기관들의 주요 주주이기도 하죠. 블랙락은 탈탄소 경영을 자신의 투자 결정의 최우선 순위로 삼겠다고 선언했는데요. 탄소를 줄이지 않는 기업에는 더 이상 투자하지 않겠다는 강력한 메시지를 던지고 있는 겁니다.

세계적인 연기금도 마찬가지입니다. 네덜란드 최대 연기금 운용사인 APG는 한국전력KEPCO이 해외 석탄사업에 투자한다는 이유로 투자액 6000만 유로를 전부 매각했습니다. 결국 한전은 2020년 10월 해외 신규 석탄사업 전면 철회를 선언하기에 이릅니다. 최근에는 미국과 유럽을 중심으로 정부기관이 나서서 기업들로 하여금 ESG 실적을 의무적으로 공시할 것을 요구하는 흐름마저 나타나고 있습니다. 무서울 정도로 엄청난 변화죠.

세계 금융시장이 왜 이런 변화를 주도하고 있을까요. 기후위기에 대한 도덕적 책무 때문일까요? 물론 금융기관과 기업들이 환경이나 지역 주민에 대한 사회적 책임을 고려했을 수 있습니다. 하지만 더 중요한 것은, 수많은 소비자와 투자자의 선호와 가치, 의사결정 기준이 달라지고 있다는 데 있습니다. 이들은 당면한 기후위기를 극복하기 위한 경영 혁신에 최선을 다하는 기업, 탈탄소경쟁력을 기준으로 기업 실적과 성장 가능성을 평가하고 투자하는 금융기관에 눈을 돌리고 있습니다. 탄소를 많이 배출하는 기업에서는 물건을 사지도 않고, 돈을 투자하지도 않겠다는 의지를 실천에 옮기고 있는 것이죠.

마지막으로, 제품을 수입할 때 국가 간 탄소비용의 차이를 조정하겠다는 정책 흐름이 구체화되고 있습니다. 국제무역 질서 자체를 탈탄소를 기준으로 재정립하겠다는 것인데요. 5장에서 다룬 것처럼 유럽연합이 이러한 흐름을 주도하고 있습니다. 바로 CBAM(탄소국경조정제도)입니다. 유럽 내에서 생산되는 제품에 포함된 탄소비용과 유럽 밖에서 유럽연합에 수출하려는 제품에 매겨져 있는 탄소비용의 차이를 조정하겠다는 의지입니다. 한 나라로 치면 행정부에 해당하는 유럽연합 집행위원회가 먼저 CBAM을 설계했고요, 유럽의회에서 구체적인 내용을 수정하고 보완하는 중입니다. 현재까지 발표된 계획은 2023년 10월 시범사업을 시작해서 2032년에 제도를 완전히 정착시킨다는 복안입니다.

CBAM이 도입되면 어떤 일이 일어날까요. 우리나라 철강 산업의 수출물량 11%가 유럽연합을 향하고 있는데요. 여기에 CBAM이 도입되면 수출에 부정적인 영향을 미칠 가능성이 높습니다. 탄소비용의 국가 간 차액을 지불해야 하는 만큼 당장 수출 단가가 올라가기 때문이죠. 우리나라가 CBAM에 선제적으로 대응하지 않는다면, 이는 기후문제를 넘어 한국 경제에 충격으로 다가올 수 있습니다. 미국, 캐나다, 일본도 탄소국경조정제도를 찬성하거나 도입하려는 움직임을 보이고 있습니다. CBAM은 제도의 특성상 WTO 체제 내에서 통상 마찰을 일으킬 가능성이 높습니다. 특히 개도국의 반발이 거셀 것으로 예상합니다. 겉으로는 환경과 기후위기 때문이라고 하지만, 결국 자국 산업을 보호하기 위함이 아니냐는 비판이죠.

그럼에도 유럽연합이 CBAM과 같은 논쟁적인 제도를 도입하려는 명분과 근거는 분명합니다. 이산화탄소와 같은 글로벌 오염 물질은 누가 배출하는가에 관계없이 기후변화에 악영향을 미친다는 겁니다. 따라서 탄소 배출이 야기하는 피해 비용에 입각해서 국가 간 공평한 비용 부담이 이루어져야 실질적인 감축 효과가 발생한다는 논리입니다. 여러분은 어느 쪽 주장이 더 설득력 있게 들리나요? 유럽연합은 기존 통상무역 질서를 뒤흔들 소지가 있다는 비판을 뒤로하고 CBAM 도입을 본격화하는 추세입니다. 그만큼 기후위기를 심각하게 보고 있다는 증거죠.

유럽연합은 CBAM을 넘어 훨씬 더 근본적으로 기후문제를 바라보고 있습니다. 글로벌 금융위기 이후 지난 10여 년간 유럽 경제는 매우 어려웠습니다. 이를 타개하기 위해 기후문제와 경제문제라는 두 마리 토끼를 한꺼번에 잡겠다는 이른바 '그린 딜Green Deal'을 내걸었습니다. 같은 시기에 미국에서는 '그린 뉴딜Green New Deal' 정책을 발표했죠. 이름만 다르지 지향점은 동일합니다. 그린 뉴딜은 탈탄소와 자원절약, 순환경제를 지향하는 '녹색'에, 경제성장과 일자리 창출, 사회통합을 의미하는 '뉴딜' 정책을 합한 단어입니다. 한마디로 선진국들은 그린 딜 혹은 그린 뉴딜을 통해 기후위기를 해결함과 동시에 경제도 살리겠다는 야심 찬 구상을 펼치고 있는 것이죠. 유럽이 얼마나 그린 딜 정책을 적극적으로 추진하는지 잘 보여주는 사례가 있습니다. 2021년 1월을 기해 재활용이 불가능한 플라스틱을 대상으로 플라스틱세를 전격 도입한 것입니다. 처리 곤란한 플라스틱은 속히 시장에서 퇴출시키겠다는 의지의 표현입니다. 유럽연합은 플라스틱세를 통해 연간 70~80억 유로 규모의 세수를 확보할 것으로 기대하고 있습니다.

선진국들의 기후위기 대응책을 보니 어떠신가요? 과거에는 기업이 환경보전 기술과 설비에 투자하면 원가 상승으로 경쟁력을 잃는다고 생각했습니다. 그래서 기업들은 정부의 환경규제를 매우 못마땅하게 여겼죠. 하지만 기후변화 시대, 이제는 경제가 돌아가는 근본 원리가 바뀌고 있습니다. 부가가치나 에너지 소비량 대비 얼마나 탄소를 적게 배출하는가를 측정하는 탈탄소경쟁력이 기업 경쟁력의 핵심 요소로 떠올랐으니까요. 탈탄소경쟁력이 곧 산업의 기후경쟁력이고, 이것이 모여 국가경쟁력을 가늠하는 시대가 된 것입니다.

이제 우리나라로 눈을 돌려보겠습니다. 한국 정부도 2020년 말 그린 뉴딜 정책을 발표했습니다. 하지만 유럽연합만큼 한국도 그린 뉴딜 정책을 적극적으로 실행하고 있는지, 정부가 이를 체계적이고 일관되게 추구하고 있는지, 우리 국민은 기후위기 대응을 얼마나 중요하게 생각하는지 등을 고려하면 한국은 아직 갈 길이 멉니다. 한국 정부가 그린 뉴딜 정책을 제대로 실행하지 않는다면 우리나라는 기후변화에 따른 피해에 더 크게 노출될 뿐만 아니라, 기후정책에 소극적이라는 비판에 부딪히면서 외교적으로도 고립될 가능성이 있습니다. 무엇보다 RE100과 ESG, CBAM의 삼각파고 속에 경제가 매우 어려운 상황으로 빠져들게 될 겁니다. 탈탄소가 만들어내는 새로운 경제 질서에 적응하지 못한다면, 한국 경제는 글로벌 투자자와 소비자로부터 외면당함으로써 국가 간 경쟁에서 도태될 수 있다는 절박감을 우리 국민 모두가 공유해야 합니다.

한국은 더 이상 개도국이 아닙니다. 그렇다고 세계 경제의 흐름을 주도해 가는 선진 강대국이라고 할 수도 없습니다. 우리는 이제 막 선진국 문턱에 들어섰습니다. 문제는 탈탄소 에너지전환을 위해 우리나라가 해야 할 일이 너무 많다는 데 있습니다. 솔직히 말씀드리면 대한민국에는 선택의 여지가 없습니다. 탈탄소 국가를 향해 나아갈 것인가, 말 것인가를 선택할 수 있는 상황이 아닙니다. 이미 방향은 정해졌고, 여기에 우리나라가 얼마나 기민하게 대처하느냐의 문제만 남은 것이죠. RE100과 ESG를 통해 탈탄소 경영을 압박하는 애플이나 블랙락, CBAM을 휘두르며 그린 딜을 향해 빠르게 달려가는 선진국은, 대한민국 경제에 새로운 길을 제시하는 천사일까요? 아니면 우리 경제를 파국으로 몰아갈 저승사자일까요? 답은 우리 경제주체들의 인식과 행동 변화에 달려 있다고 생각합니다.

다음 장에서는 탈탄소 에너지전환 시대 한국의 현실을 솔직하게 살피고자 합니다. 기후위기가 한국 사회와 한국 경제에 거대한 위협인지, 아니면 놀라운 기회가 될 것인지 얘기해 보려 합니다. 또한 지속가능한 대한민국을 위해 우리가 해야 할 일을 여러분과 함께 고민해 보고자 합니다.

12장

기후위기를
새로운 경제성장의 기회로

기후변화를 일으키는 오염 물질을 우리는 온실가스라고 부릅니다. 대표적인 온실가스에는 이산화탄소, 메탄, 아산화질소 등이 있죠. 이 중 이산화탄소의 비중이 압도적으로 높습니다. 워낙 모든 나라, 모든 사람이 화석연료를 태우기 때문인데요. 특히 우리나라에서 배출되는 온실가스 중 이산화탄소가 차지하는 비중은 91%에 달해 사실상 전부나 마찬가지입니다. 화석연료를 사용하는 발전 산업과 제조업 비중이 높은 게 큰 이유죠. 그래서 우리나라에서 에너지 문제를 다루지 않고는 기후변화 정책을 말할 수 없는 게 현실입니다.

여러분은 우리나라 에너지 사용에 대해 얼마나 알고 계신가요? 솔직히 우리나라 상황은 암울하기 짝이 없습니다. 한국의 1차 에너지 소비량 순위는 세계 10위입니다. 7위 독일, 8위 이란, 9위 브라질, 10위 한국 사이에 별 차이가 없죠. 우리나라는 화석연료 소비량 전부를 사실상 수입에 의존하고 있습니다. 그러다 보니 에너지 수입의존도는 2020년 기준 92.8%로 세계에서 가장 높은 수준입니다. 1997년에 97.6%로 최대치였습니다만, 그동안 순수한 국산 에너지인 재생에너지 비중이 조금씩 증가하면서 그나마 낮아진 것이죠. 이산화탄소 배출량은 2020년 기준 세계 7위입니다. 에너지 소비량이 세계 10위인데 연료 연소로부터 발생하는 이산화탄소 배출량이 7위라는 것은 그만큼 화석연료 비중이 높다는 말이겠죠.

또 다른 통계도 있습니다. 우리나라 미세먼지 농도는 OECD 38개국 중 1위입니다. 미세먼지가 석탄이나 석유와 같은 화석연료 연소과정에서 많이 나온다는 사실은 잘 아실 겁니다. 국토 면적 대비 원전 설비 규모가 차지하는 비중을 나타내는 '원전 밀집도' 역시 OECD 국가 중 단연 1위입니다. 더욱 충격적인 건 우리나라 전기 발전량에서 재생에너지가 차지하는 비중입니다. 놀랍게도 OECD 전체에서 압도적인 꼴찌를 차지하고 있습니다. 재생에너지를 통한 전력 공급 100%를 목표로 하는 RE100이 국제무역 질서의 새로운 규범으로 자리 잡고 있는 시대 흐름과는 너무나 동떨어진 현실이죠.

기후변화에 대응하기 위해서는 에너지와 환경 분야를 새롭게 탈바꿈해야 합니다. 그런데 위에서 본 통계에서 드러나듯이 지금 우리나라는 몹시도 취약한 에너지 성적표를 손에 쥐고 있습니다. 정치인, 공무원, 학자, 산업계, 노동단체, 언론 등 우리 사회의 주요 구성원 어느 누구도 기후변화 시대에 맞춰 생각과 행동을 과감하게 바꾸려는 노력을 하고 있지 않으니까요. 여전히 각자의 이해관계에서 벗어나지 못하는 모습입니다. 기후위기와 탈탄소라는 거대 도전 앞에 대한민국이 표류하고 있는 것 아닌가라는 위기의식을 갖지 않을 수 없습니다.

뒤처지면 생존할 수 없다

이미 우리나라 글로벌기업들은 기후문제를 중심으로 급변하는 세계 시장 흐름을 감지하면서 온몸으로 위기감을 느끼고 있습니다. 처절한 시장 경쟁에 노출된 가운데 RE100이나 ESG 같은 메가트렌드를 체감하기 때문이죠. 그럼에도 저는 국내 산업계가 반성할 점이 적지 않다고 생각합니다. 불과 몇 년 전까지만 해도 환경과 기후 얘기만 나오면 산업계를 대변하는 단체들이 나서서 반대부터 했으니까요. 대표적인 예가 배출권거래제를 둘러싼 논쟁이었습니다. 배출권거래제는 4장에서 보았듯이 기업별로 온실가스에 대한 배출 권리를 설정하여 정부가 배출권을 할당하고, 기업들 간에 배출권을 시장에서 거래할 수 있도록 하는 제도입니다. 기업으로 하여금 효율적으로 온실가스를 감축할 수 있도록 유인을 제공하는 것이죠. 미국에서는 1995년부터 석탄화력 발전소에서 나오는 아황산가스를 대상으로, 유럽연합에서는 2005년부터 탄소에 대해 배출권거래제를 시행해 왔습니다.

원래 우리나라에서는 배출권거래제도를 2009년부터 도입하기로 했었죠. 하지만 당시 산업계에서는 이 제도 탓에 기업들이 수십조 원의 벌과금을 물게 될 것이며, 결국 어떤 기업도 살아남지 못할 것이라며 반대의 목소리를 높였습니다. 사실 이론적으로나 경험적으로나 전혀 근거 없는 주장이었습니다. 갈등이 커지면서 배출권거래제는 3년씩 두 번에 걸쳐 연기된 끝에 2015년에 겨우 시행할 수 있었죠.

돌이켜 보면 만약 배출권거래제를 시행하지 않았다면 지금 우리 기업들의 탈탄소경쟁력은 얼마나 취약했을까 싶어 가슴을 쓸어내리게 됩니다. 배출권거래제 때문에 기업들이 천문학적인 벌금을 물기는커녕, 탄소 감축 설비에 선제적으로 투자한 기업들은 잉여 배출권을 판매하여 적지 않은 수익을 창출했습니다. 2015년 이후 8년 동안 시행한 배출권거래제 덕분에 우리나라 기업들이 세계 탈탄소 시장 환경에 적응할 수 있는 소중한 기회를 갖게 된 것이죠. 이제는 우리나라 산업계가 수세적인 자세를 버리고 적극적으로 탈탄소 경영에 매진할 때입니다.

시민사회에 대해서도 할 말이 있습니다. 우리나라 지역 곳곳의 많은 환경운동가가 본격적인 석탄발전소 퇴출과 재생에너지 확대로 인한 변화와 갈등의 현장에 서 있습니다. 이들은 탈탄소 정책이 지역경제와 일자리에 미치는 영향을 시민들과 함께 고민하며 대안을 찾기 위해 노력하고 있습니다. 참으로 귀한 분들이죠. 저 역시 기회가 닿는 대로 지역에서 에너지전환을 위해 활동하는 분들과 소통하며 현장을 이해하기 위해 노력하고 있습니다.

그런데 일부 환경단체나 활동가들에게서 재생에너지 시설 입지에 지나치게 무리한 잣대를 요구하는 모습을 봅니다. 농지에 태양광을 설치해서는 안 되며, 육상풍력은 산림 훼손 때문에 안 되고, 어민과 생태계 피해 때문에 해상풍력 사업도 해서는 안 된다는 식의 주장을 합니다. 오직 도시 건물과 공장 옥상에 설치하는 태양광만 인정해야 한다고 말하는데요. 물론 건물과 공장에 태양광을 설치해야 하는 것은 맞습니다. 하지만 이것만으로 충분한 전력 공급이 가능할까요? 우리나라에 있는 모든 건물에 태양광을 설치한다고 해도 탄소중립을 위해 필요한 재생에너지의 30% 정도밖에 공급하지 못한다는 분석도 있습니다. 도시 태양광 설치에 상대적으로 비용이 많이 든다는 사실은 말할 것도 없고요. 가용 면적이나 경제성, 적용 가능 기술을 종합적으로 검토하여 재생에너지를 가장 효과적으로 설치할 수 있는 길을 찾아가야 합니다.

환경단체가 석탄발전도, 원전도, 가스발전도 모두 싫다고 하면서 재생에너지 입지까지 반대한다면 과연 어디서 어떻게 필요한 전기를 만들어낼 수 있을까요? 만약 일부 시민사회가 이런 배타적인 태도에서 벗어나지 않는다면 기후문제를 바라보는 국민의 생각을 혼란스럽게 만들고, 환경운동을 향한 시민들의 기대를 떨어뜨리지 않을까 우려됩니다. 기후위기에 대한 산업계의 무책임성을 비판하는 만큼, 시민사회도 재생에너지와 에너지전환에 대해 좀 더 열린 마음을 지녀야 하지 않을까요. 틀에 박힌 경직적인 사고로는 기후위기를 헤쳐나가기 위한 실질적인 대안을 만들어낼 수 없다는 사실을 깨닫는 지혜가 필요합니다.

대한민국은 코로나 사태 이전까지 외환위기가 한창이었던 1998년 마이너스 경제성장 시기를 제외하고는 단 한 번도 이산화탄소 배출량을 줄여본 경험이 없습니다. 이때도 국가적인 노력을 통해 탄소 배출을 줄인 것이 아니라 경제활동이 급락하면서 어쩔 수 없이 일어난 현상이었죠. 하지만 기후위기 시대 경제 환경 변화에 맞춰 이제는 탄소 배출을 줄이면서 경제를 키워야 하는 '가보지 않은 길'을 가야 합니다. 현실적으로 이게 가능한 일인지 고민하지 않을 수 없죠. 앞서가는 나라들에 비해 우리나라가 처한 상황이 너무 어렵기 때문입니다.

이어지는 그림에 나와 있는 2021년 기준 국가별 재생에너지 발전량 비중을 보시죠. 국제에너지기구IEA에서 발표한 공식 자료입니다. 한국의 재생에너지 발전 비중은 그래프의 가장 아래에 위치하고 있습니다. 2021년 기준 8.6% 수준입니다. 덴마크나 오스트리아는 풍력발전과 수력, 바이오 에너지를 무기로 재생에너지가 무려 80% 비중을 차지하고 있습니다. 가까운 일본도 20% 이상입니다. OECD 국가 평균이 30%를 가볍게 넘어가죠. OECD 국가가 아니어서 그림에 나와 있지 않은 중국도

연도별 OECD 주요 국가별 재생에너지 발전량 비중(출처: IEA)

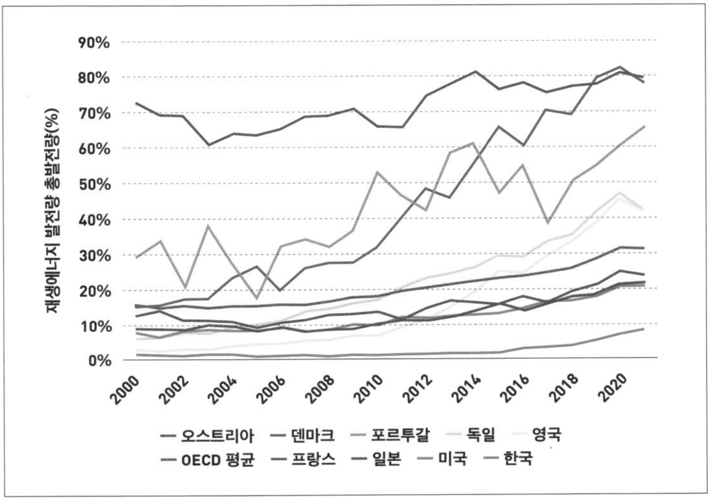

재생에너지 비중이 30%에 육박하고 있습니다. 우리와 지리적으로 가장 가까운 두 나라가 빠르게 재생에너지를 확대하고 있음을 알 수 있죠.

기후위기 대응의 핵심 정책인 재생에너지 분야에서 한국과 다른 나라들의 차이는 극명하게 드러나고 있습니다. 그런데도 일부 언론이나 정치인, 심지어 전문가들조차 한국은 재생에너지를 확대할 수 있는 국토 여건이 안 된다, 바람이 약하다, 농사를 망친다, 비싸다 등, 때론 과장되고 때론 근거 없는 주장을 내놓고 있습니다. 우리 사회에는 여전히 재생에너지 회의주의

자, 심지어 혐오주의자들이 부정적인 목소리를 내는 분위기가 적지 않습니다. 그런 모습들을 볼 때마다 과연 한국이 기후위기를 둘러싼 거대한 전환의 흐름을 제대로 읽고 대응할 수 있을지 걱정스러운 마음이 들 때가 한두 번이 아닙니다.

원전 문제는 갈수록 정치 이슈로 비화하는 것 같아 답답하기 그지없습니다. 미국은 원전 기수가 최대 104기에서 92기로, 프랑스는 58기에서 56기로 줄어들었습니다. 원전의 발전량 비중은 전 세계적으로 1996년 17.5%를 정점으로 2020년 10.2%로 감소했습니다. 중국과 인도와 러시아가 원전을 증설하고 있고, 일부 동유럽과 아프리카 국가들이 원전 건설을 계획하고 있죠. 반면 독일, 이탈리아, 스페인, 대만 등 선진국은 이미 원전을 모두 폐쇄했거나, 늦어도 2035년까지는 자기 땅에 있는 원전을 모두 멈추기로 했습니다. 심지어 대만 같은 나라는 98% 공사 공정률을 달성한 원전의 건설을 포기하기도 했고요.

우리나라는 총 25기의 원자력 발전소를 운영하고 있습니다. 국토 면적을 감안하면 매우 많은 숫자입니다. 그것도 경북과 경남, 전남에 있는 총 네 개 지역에 밀집해 있고, 현재 경북 울진과 울산광역시에 있는 원전 부지에 세 기를 추가로 짓고 있습니다. 다 합치면 우리나라에는 28기의 원전이 들어서게 됩니다. 원전 37기를 갖고 있는 러시아가 우리나라 국토 면적의 170배, 원전 54기인 중국은 96배입니다. 한국은 이들 나라들에 비해 절대적으로 땅덩어리가 작지요.

원전을 가동할 때 발생하는 고준위 핵폐기물의 영구 처리를 위한 지하 부지를 확보하는 게 불가능하지는 않을지 몰라도 엄청나게 어려운 일임은 분명해 보입니다. 아직까지도 고준위 핵폐기물 처분시설을 만든 나라는 오직 핀란드뿐이라는 사실이 시사하는 바는 적지 않죠. 어느 누가 자기 사는 곳에 위험천만한 핵폐기물이 들어오는 걸 좋아할까요? 천신만고 끝에 장소를 찾는다 해도 천문학적인 보상비용을 지불해야 할 겁니다. 이 문제는 핵폐기물이 쌓여갈수록 우리 국민에게 갈등의 뇌관이 될 소지가 큽니다.

우리나라의 전력 수요와 공급 현실을 고려할 때 원전을 당장 없애는 것은 가능하지도, 바람직하지도 않습니다. 에너지 공급 안정성은 국민 생존과 산업 활동을 위해 필수적인 요소니까요. 재생에너지 기술이 없던 시절에는 화석연료 매장량이 없는 우리나라로서는 원자력발전을 대안으로 삼는 것이 필요했을 겁니다. 원전이 과거 우리나라 경제성장에 필요한 전력을 공급하는 데 기여한 것은 분명한 사실입니다. 하지만 이제는 기후위기에 대응하기 위해 재생에너지 중심의 에너지전환이 긴급하고 중요한 대안으로 급부상했습니다. 기술혁신에 따라 재생에너지 발전 단가도 무척 낮아졌고요. 따라서 재생에너지를 지속적으로 늘려가면서 원자력발전과 화력발전을 어떻게 조정해 나갈 것인가를 고민하는 것이 합리적인 정책 방향 아닐까요?

원전문제는 기후위기와 비슷하다고 생각합니다. 기후를 둘러싼 갈등은 현재 세대와 미래 세대 사이의 형평성 문제로 귀결됩니다. 우리 세대가 싸고 편하게 화석연료를 쓰고 나면, 다음 세대가 그로 인한 기후피해에 노출되는 것이니까요. 원전도 마찬가지라고 생각합니다. 지금 우리는 원전을 통해 혜택을 볼 수 있겠지만, 그것 때문에 후손에게는 많은 갈등과 사회적 비용을 넘겨주게 됩니다. 원전을 얼마나, 언제까지 사용하는 것이 대대손손 우리 자녀들이 살아갈 이 땅에 대한 책임 있는 자세인지 깊은 성찰이 필요합니다.

내친김에 조금 불편한 얘기를 꺼내보려고 합니다. 우리나라 국민이라면 매달 자기 가정에서 소비하는 전기에 대한 사용료를 내게 됩니다. 자, 여기서 '전기세'가 맞는 표현일까요, 아니면 '전기요금'이 맞는 표현일까요? 전기요금이 맞습니다. 우리나라는 전기에 부가가치세 빼고는 사실상 세금을 부과하지 않습니다. 전기를 공급하는 주체도 정부가 아니라 기업이고요.

반면 유럽 나라들은 전기요금에서 세금이 차지하는 비중이 30%, 심지어 50%를 넘기도 합니다. 이 중에는 재생에너지 설비에 필요한 재원을 확보하기 위해 부과하는 세금도 있죠. 세금을 내더라도 재생에너지를 늘려야 한다는 국민 공감대가 있기 때문입니다. 사실 한국만큼 전기값이 싼 나라가 없습니다. OECD 국가 중 가장 낮은 수준입니다. 우리나라 가정용 전기요금은 일본에 비해 절반이 안 되고, 독일과 비교하면 1/3에 불과하죠. 소득과 물가수준을 감안해도 너무나 큰 차이입니다.

소비하는 에너지 대부분을 수입에 의존하는 대한민국에서 전기요금을 이렇게 저렴하게 책정해도 될까요? 국제 에너지 가격이 오른다면 전기의 생산원가가 오르는 것이 당연하지 않을까요? 원가가 오르면 전기요금도 같이 오르는 것이 자연스럽죠. 전기를 만들 때 배출되는 탄소로 인한 사회적 비용도 감안해야 하고요. 그런데도 우리나라에서는 전기요금을 올린다고 하면 난리가 납니다. 기업도, 개인도 듣기 싫어합니다. 국제 에너지 가격이 천정부지로 올라 전기 생산비용이 엄청 뛰었는데도 여전히 전기요금을 동결하는 나라가 바로 대한민국입니다. 그 바람에 한국전력의 2022년 1사분기 적자 규모가 7조 8000억 원에 달했습니다. 2022년 전체로 보면 한전의 적자는 30조 원에 달할 전망입니다. 시장경제 원리가 전혀 작동하지 않는 전력시장, 이것이 세계 10대 경제대국 대한민국의 부끄러운 민낯입니다.

이처럼 원가 보전도 안 되는 전기요금 구조 속에서 에너지를 절약하고 효율성을 높이려는 노력이 생길 리 없습니다. 전기요금이 합리적으로 책정돼야 전기 사용을 줄이고, 탄소도 적게 배출하는 것이죠. 해외 데이터 센터가 한국에 들어오려는 이유가 있다고 합니다. 다른 게 아니라 전기요금이 저렴하기 때문이라는 거죠. 기후위기와 탈탄소 시대에 이런 일이 발생해도 괜찮을까요?

전기는 우리가 살아가는 데 없어서는 안 될 필수재이기 때문에 전기요금이 서민 경제에 미치는 영향을 생각해야 한다는 주장이 있습니다. 요금이 오르면 저소득층과 취약계층, 영세 자영업자들의 생활이 더 어려워진다는 것이죠. 중요한 지적입니다. 가계 지출에서 에너지가 차지하는 비중이 10%가 넘는 분들을 에너지 빈곤층이라고 부릅니다. 전기요금 때문에 이분들이 더운 여름과 추운 겨울에 고생하며 지내게 할 수 없다는 것이죠. 전적으로 동의합니다. 대한민국 국민이라면 누구나 배고픔, 더위, 추위로부터 자유로울 권리가 있습니다. 그렇다면 이 문제를 어떻게 해결할 수 있을까요?

저는 전기요금과 에너지 복지는 별도의 문제로 접근해야 한다고 생각합니다. 전기요금 정책이 서민 복지를 대신해서는 안 된다는 것이죠. 에너지 효율과 에너지 복지를 혼동하면 안 됩니다. 경제적, 신체적으로 어려운 분들에게는 정부가 나서서 에너지 복지 정책을 적극 펼쳐야 합니다. 에너지 바우처를 제공하고, 주택 단열을 보강하며, 효율적인 난방시설을 새로 설치하는 것과 같은 여러 방법들을 강구할 수 있죠. 대한민국 경제 수준이라면 마땅히 수행해야 할 정부의 책무입니다.

전기요금을 정상화하는 건, 쉽지 않은 일입니다. 곧바로 반발이 일기 때문입니다. 정치권에서도 부담스러워하죠. 역대 모든 정부가 전기요금 문제만 나오면 예외 없이 목소리를 낮췄습니다. 하지만 더 이상은 안 됩니다. 기후위기를 말하면서 탄소 배출에 따른 사회적 비용은 물론, 생산원가조차 제대로 반영되지 않는 현재의 전기요금 구조를 그대로 유지하는 건 크나큰 모순이 아닐 수 없습니다.

전기요금 관련해서 한 가지 더 말씀드릴 게 있습니다. 전기가 우리나라 어디에서 생산되는가를 보면 지역별로 편차가 매우 크다는 사실을 알게 됩니다. 서울, 대구, 충북은 자기 지역에서 생산해서 소비하는 전력 비중이 매우 낮은 반면에 부산, 경북, 충남, 인천 지역은 원전과 석탄 발전 때문에 자체 소비량보다 훨씬 많은 전력을 생산하죠. 이곳에서 생산된 전기는 송전망을 타고 수도권으로 갑니다.

전국 석탄발전소의 50%가 몰려 있는 충남 주민들의 불만과 고통을 상상해 보세요. "남 좋은 일 시키려고 우리는 석탄재에 미세먼지까지 뒤집어쓰고 있다." 이런 목소리가 나오는 것이 당연하지 않을까요? 그런데도 우리나라는 아직까지 전국에 걸쳐 동일한 수준의 전기요금을 부과하고 있습니다. 송전선으로 전기를 보낼 때 발생하는 전력 손실 때문에 지역별 전력공급

원가가 엄연히 다른데도요. 공정하지도, 합리적이지도 않은 전기요금 체계입니다.

'좌초자산Stranded Asset'이라는 말 들어보셨나요? 기존에는 사업성이 있어 투자가 이뤄졌지만, 시장과 사업 여건 변화로 가치가 하락하고 생존이 불가능해지는 자산을 말하는데요. 『노동의 종말』과 『한계비용 제로사회』 저자인 미래학자 제러미 리프킨은 "한국은 좌초자산을 가장 많이 가진 나라"라고 말했습니다. 영국의 금융 분야 싱크탱크인 '카본 트래커 이니셔티브Carbon Tracker Initiative'는 한국에 좌초자산이 많은 이유로, 갈수록 수익성이 떨어지는 석탄 화력발전을 불합리한 전기요금 제도와 전력시장 구조로 뒷받침하고 있다는 점을 지적했습니다. 뼈아픈 비판입니다. 한국의 좌초자산 규모는 1060억 달러로 2위 인도의 760억 달러와도 큰 격차를 보입니다.

이쯤 해서 주요 국가의 발전원별 비중을 살펴볼까요. OECD 국가 중 전통 발전원인 석탄, 원전, 가스 발전을 합친 비중이 90%에 달하는 유일한 나라가 바로 대한민국입니다. 프랑스는 원전 비중이 높지만 석탄 발전이 전혀 없고, 독일은 과거에 원전과 석탄에 크게 의존하던 전력공급 방식을 극복하기 위해 원전은 2022년 말에, 석탄발전은 2030년까지 퇴출시킬 계획을 갖고 있습니다.

러시아가 우크라이나를 상대로 일으킨 전쟁 때문에 유럽이 러시아로부터 공급받은 천연가스 물량이 엄청나게 줄어들었죠. 러시아의 에너지 무기화 전략 때문입니다. 이에 대응하여 독일은 재생에너지 확대에 더욱 박차를 가하고 있습니다. 2030년까지 러시아로부터 에너지 독립을 완전히 달성하겠다는 목표입니다. 놀라운 사실은 지금으로부터 30년 전인 1990년만 해도 독일의 재생에너지 비중이 4%에 불과했다는 겁니다. 그랬던 나라가 30여 년 만에 재생에너지 발전 비중이 50%에 육박하게 되었습니다.

기후위기 시대에 여전히 전통 발전원에서 벗어나지 못하는 나라, 이것이 과연 우리나라가 지향해야 할 미래상이어야 하는지 자괴감마저 듭니다. 저를 더 힘들게 만드는 일이 있습니다. 지금도 우리나라는 기당 1GW에 달하는 초대형 석탄발전소를 계속해서 짓고 있다는 사실입니다. 총 일곱 기에 달하는 신규 석탄발전소 중 세 기는 이미 2020년 완공됐고요. 나머지 네 기는 현재 강원도에 건설 중입니다. 한편에서는 탈석탄과 탄소중립을 추진하는 와중에 다른 한편에서는 지금도 석탄발전소를 짓고 있는 모순을 어떻게 이해해야 할까요?

도대체 이 답답한 현실을 언제 바꿀 수 있는 것일까요? 이 모든 걸 변화시킨다는 것이 너무 어려워 보이는데, 그냥 이대로 살면 안 될까요? 네, 안 됩니다. 이렇게 가다간 기후위기 대응도 실패하고, 경제도 나락으로 떨어질 것이기 때문입니다. 2020년 세계일보가 숙명여대 연구팀의 도움을 받아 탄소 감축에 따른 우리나라 지자체의 경제와 산업 위험도를 지표로 만들었습니다.[27] 대한민국 지자체별 기후위기 지도인 셈이죠. 탄소 배출을 줄이는 데 따른 리스크가 가장 높은 순서대로 보면 충남 당진, 충남 보령, 충남 태안순입니다. 감축 리스크가 높은 상위 열 곳 중 다섯 곳이 충남에 몰려 있습니다. 충남 지역에 석탄화력 발전소가 집중돼 있기 때문이죠. 화석연료 시대 지역경제의 한 축이었던 석탄 산업이 기후위기 시대에는 경제 위험을 높이는 요인이 되어버렸습니다.

저는 확신합니다. 전 세계가 앞다투어 실천하는 녹색 대전환을 쫓아가지 못하면 우리나라는 큰 어려움에 직면하게 될 것입니다. 하지만 성공적으로 따라잡고, 나아가 앞설 수 있다면 성장이 멈춰버린 이 시대에 새로운 도약의 기회가 될 것입니다. 좌초자산을 많이 갖고 있는 만큼, 어느 나라보다 빠르게 바꿔나가야 합니다. 지금 대한민국호는 깊은 낭떠러지 앞에 서 있습니다. 나락으로 떨어져서는 안 되고, 하늘로 비상해야 합니다. '바꿔야 하는' 것이 아니라 '바꿀 수밖에 없는' 상황에 처한 것이죠.

그린 + 디지털 = 쌍둥이 전환의 시대

무엇을, 어떻게 바꿔야 할까요? 회색산업과 회색일자리를 녹색산업과 녹색일자리로 바꿔야 합니다. 기후위기에 적극 대응하면 온실가스 배출량이 높은 산업은 사양화할 가능성이 높습니다. 해당 산업에서 일자리가 줄어드는 상황이 발생하게 되겠죠. 하지만 그 자리를 대체할 녹색산업이 생겨나므로 새로운 일자리도 생겨납니다. 녹색일자리의 시대가 오는 것입니다. 새로운 기회의 장이 찾아오는 거죠. 어떤 일자리가 생겨날지 감이 잘 안 오시나요? 구체적으로 설명해 보겠습니다.

건축분야를 떠올려보세요. 2019년, 빌 더블라지오Bill de Blasio 뉴욕시장은 2050년까지 뉴욕 소재 빌딩에서 배출하는 온실가스를 80%까지 줄이겠다고 선언했습니다. 세련된 디자인의 초고층 빌딩은 더 이상 필요 없다면서 단열이 잘되고, 에너지를 적게 쓰며, 재생에너지를 많이 사용하는 건물만 남기고 다 바꾸라고 말했죠. 건물과 건축에 대한 뉴욕시의 방향 전환은 그린 홈, 그린 빌딩, 그린 리모델링과 관련한 직군과 직업을 필요로 하게 됩니다. 건축 설계사, 건축 컨설턴트, 그린 빌딩 인증심사원, 단열 분야 연구원과 엔지니어, 건축설비 기술자, 냉난방공학 전문가처럼 다양한 직업에 대한 수요가 생겨나는 것이죠.

기후위기 대응을 위한 핵심 정책인 재생에너지 분야에 초점을 맞춰보겠습니다. 국제노동기구ILO와 국제재생에너지기구IRENA가 함께 발간한 최신 일자리 보고서에 따르면, 2020년 현재 태양광, 바이오, 풍력, 수력 등 전 세계 재생에너지 분야 일자리는 1200만 개에 달합니다.[28] 세계적으로 재생에너지 설비 투자 규모가 증가하면서 일자리 창출도 덩달아서 속도를 높이고 있죠. 2021년 설치된 전 세계 신규 전력 설비용량의 86%가 태양광과 풍력과 같은 재생에너지로 채워졌습니다. 재생에너지 일자리가 폭증하는 추세가 너무 당연한 것이죠. 대표적인 고용 창출 산업인 자동차 부문의 전 세계 직간접 일자리가 총 5000만 개 정도라고 하니, 재생에너지 산업의 일자리 창출 규모와 잠재력을 짐작할 만합니다.

이건 저와 제 대학원생들이 함께 진행한 연구인데요, 우리나라에서 앞으로 태양광, 풍력, 수력, 바이오 등 재생에너지 분야에서 새로 생겨나는 일자리 규모를 추정했습니다.[29] 2050년 우리나라가 탄소중립을 달성한다면 이때 재생에너지 분야에서 창출하는 총 일자리는 약 50만 3000개에 달하는 것으로 나타났습니다. 여러 불확실성을 감안하여 최소한으로 추정한 결과입니다. 2017년 우리나라 자동차 산업의 일자리 규모가 약 49만 개임을 감안하면 결코 적지 않은 규모라고 할 수 있죠. 또한 '기후솔루션'이라는 시민단체는 조기 탈석탄을 전제로 일자리 순증 효과를 분석한 보고서를 발간했는데요.[30] 우리나라가 만약 석탄발전을 빠르게 줄여 2030년까지 탈석탄을 달성한다면, 이때 새롭게 창출되는 일자리 수가 석탄발전을 계속 유지했을 때의 일자리와 비교할 때 약 2.8배에 달하는 것으로 나타났습니다. 재생에너지와 에너지 저장장치의 설치와 가동으로 창출되는 일자리가 탈석탄으로 사라지는 일자리보다 훨씬 많기 때문이죠.

화석연료 기반 발전 산업은 워낙 설비 규모가 크기 때문에 주로 대기업이 주도했지만, 태양광이나 풍력 같은 재생에너지는 분산형 방식이기에 지역에서 활동하는 중소기업과 창의적인 아이디어로 무장한 스타트업 기업이 도전할 수 있습니다.

이 과정에서 훨씬 많은 일자리가 생겨나게 됩니다. 풍력과 태양광 시설, 배터리 저장장치와 전력 수요관리, 그리고 수소경제 분야의 제조, 건설, 설치, 운영, 유지보수를 위해 많은 전문인력이 필요합니다.

해상풍력 천국인 덴마크에서 본 해상풍력 단지가 떠오릅니다. 헬리콥터를 타고 바다로 나아가니 병풍처럼 펼쳐져 있는 바람농장Wind Farm에는 거대한 풍력발전기가 돌아가고 있었습니다. 현지 전문가의 말에 따르면 해상풍력 발전기를 설치한 다음 유지보수가 필요할 때는 첨단 맞춤형 드론을 활용해 원격으로 문제를 확인하고 처리한다고 합니다. 해상풍력 산업을 중심으로 전후방으로 관련 산업과 일자리를 창출하는 혁신적인 산업생태계가 구축된 것이죠. 21세기는 그린과 디지털로 이루어진 쌍둥이 전환의 시대입니다. 덴마크 바다의 해상풍력 단지는 그린과 디지털의 결합과 융합이 일어나면서 수많은 사업 기회와 일자리가 만들어지는 생생한 현장이었습니다.

우리나라에도 성공 사례들이 얼마든지 있습니다. 폐광지역을 풍력발전 단지로 개발해 지역경제에 보탬이 되고 있는 정암풍력단지와, 2021년 준공된 국내 최초 대규모 주민 참여형 재생에너지 사업인 태백 가덕산 풍력단지가 좋은 예입니다. 중앙

정부와 지자체, 기업과 주민의 유기적 협력과 상생 구조가 정착된다면 재생에너지는 지역을 살리고 일자리를 만드는 지역경제발전의 기반이 될 겁니다.

하지만 증가하는 일자리만 보고 안심할 순 없죠. 기존 일자리를 잃고 직업을 바꿔야만 하는 분들을 생각해야 하기 때문입니다. 녹색 전환으로 창출되는 일자리에도 관심을 가져야 하지만, 동시에 상실되는 일자리를 간과해서는 안 됩니다. 그것이 책임 있는 자세죠. 정의로운 전환이 필요합니다. 정부는 기후위기 극복과 탈탄소 정책으로 영향을 받는 개인들이 새롭게 생겨나는 일자리로 전직할 수 있도록 교육과 훈련 기회를 제공해야 합니다. 녹색과 노동을 연계한 실효성 있는 정책을 개발하고 충분한 재원을 확보하는 것은 물론이고요.

유럽연합은 탈탄소 과정에서 경쟁력을 상실한 산업과 기업, 노동자를 지원하기 위해 400억 유로 규모의 '정의로운 전환 기금Just Transition Fund, JTF'을 구축했습니다. 기후위기 대응 과정에서 생겨나는 사회 갈등을 최소화하고 포용사회로 나아가기 위해 반드시 필요한 정책이라고 생각합니다. 우리나라가 기후위기 대응과 에너지전환을 추진하려면 많은 어려움을 견뎌야 하고, 적지 않은 비용을 치러야 할 것입니다. 우리에게는 이러한 난관을 이겨내고 지속가능한 미래, 새로운 시대를 열겠다는 도전의식이 필요합니다.

이제 여러분과의 대화를 마무리할 시간이 됐네요. 저와 시간을 함께하면서 어떤 생각의 전환을 맞이하셨는지 궁금합니다. 기후위기를 극복하기 위한 인류의 몸부림이 녹색 대전환으로 가시화하고 있습니다. 탈탄소 경제를 향한 개인과 기업과 금융과 국가의 거대한 변혁이 나와 우리나라에 미칠 영향을 예의 주시하면서 준비하고 결단하고 행동에 옮겨야 할 때입니다.

전쟁 이후 1950년대 우리나라 산림은 황폐했습니다. 우리나라 살림살이가 어려웠을 때는 산림이 헐벗었습니다. 산에 나무가 하나도 없었습니다. 빈곤과 환경 파괴는 수레바퀴처럼 맞물려 돌아갑니다. 하지만 우리는 제2차 세계대전 이후 조림에 성공한 대표적인 나라입니다. 저는 나무 한 그루 없던 이 땅을 푸르게 만든 대한민국의 저력을 신뢰합니다. 시대적 과제인 탈탄소와 탄소중립을 성공적으로 이끌 우리 국민의 역량을 믿어 의심치 않습니다. 제가 태어나고 사랑하는 대한민국이 이 거대한 전환, 다가올 다음 시대의 주인공으로 우뚝 설 수 있기를 간절히 바랍니다. 반드시 그렇게 되리라 확신합니다.

감사의 글

책 한 권을 마쳤습니다. 직업 연구자로 나선 지 30년 가까이 되었습니다. 그동안 논문, 학술서적, 대학 교과서, 공저한 교양서, 언론 기고 등, 줄잡아 수백 편의 길고 짧은 글을 써왔지요. 그럼에도 이번 글은 다릅니다. 온전히 내 이름으로 출간하는 첫 번째 대중서이기 때문입니다.

이 책은 오랫동안 기후변화 문제에 천착한 한 경제학도가 공부하고 고민하며 살아온 이야기입니다. 그간의 연구와 주장, 희망과 안타까움이 버무려져 있습니다. 코로나 팬데믹과 경제위기, 이상 기후로 점철된 2020년을 겪으며 더 이상 글쓰기를 미뤄서는 안 된다는 절박감이 집필을 부추겼습니다. 중간에 펜을 놓았던 몇 개월을 제외하고, 꼬박 2년을 책 쓰기에 매달렸습니다.

꽤나 힘든 시간이었습니다. 논문 쓰기와는 많이 달랐죠. 전공에서 통용되는 전문용어를 풀어 쓰는 작업이 쉽지만은 않았습니다. 어떻게 표현하면 독자가 쉽게 이해할 수 있을까. 어떤 사례를 들면 독자가 공감할 수 있을까. 이런 생각을 하면 할수록 글쓰기가 어려워졌습니다. 지하철 안에서도 좋은 생각이 떠오르면 메모해 두었다가 글에 넣었습니다.

책은 프롤로그(이 책을 펴내며)와 1, 2부로 나뉘어 있습니다. 프롤로그에서는 경제학 전공자가 어떤 계기로 환경문제에 눈뜨게 됐는지, 과거를 거슬러 올라갔습니다. 그리고 왜 기후변화가 더 이상 미래가 아닌 현재의 위기인지 성찰했습니다. 본문은 마치 내가 교실에서 독자들과 함께 강의하고 토론하듯 서술했습니다. 글을 쓰고 지우고 다시 쓰면서 이렇게 쓰는 게 이 책의 주제를 독자들에게 전달하는 데 가장 효과적일 거라는 결론에 도달했지요. 이 책이 독자들의 손에서 물 흐르듯 읽혔으면 하는 바람입니다.

이 책은 경제학자로서 살아온 나의 지적, 실천적 여정의 결과물입니다. 따라서 책의 주제와 내용은 그동안 써왔던 논문과 저서, 칼럼과 강연에서 다뤘던 문제의식이나 분석 결과의 연장선상에 있습니다. 학술서적이 아니기에 나의 과거 글이나 말을 가져올 필요가 있을 때, 굳이 학술논문에서와 같은 엄밀성을 추구하지는 않았습니다. 책의 가독성을 살리면서 정보 전달에 도움이 되는 선에서 출처를 언급했음을 밝혀둡니다. 물론 타인의 논문이나 말을 직접 인용할 때는 출처를 명확히 하고자 했습니다.

책을 쓰면서 주변의 여러 전문가에게 도움을 받았습니다. 허윤 서강대 국제대학원 교수, 한병화 유진투자증권 리서치센터 수석연구위원, 이준정 서울대 고고미술사학과 교수, 이성호 에너지전환정책연구소 소장, 윤순진 서울대 환경대학원 교수, 오형나 경희대 국제학부 교수, 안진호 서울대 지구환경과학부 교수, 김영산 한양대 경제금융대학 교수, 권영혜 서울대 식품영양학과 교수, 고희종 아스트라제네카AstraZeneca 시스템 의학 부서장은 책 원고의 일부를 읽고 코멘트를 하거나, 궁금한 사안에 대해 사실 확인을 해주거나, 논쟁적인 이슈에 대해 의견을 말해주었습니다. 언제든 믿고 도움을 구할 수 있는 여러 분야의 동료 전문가가 있다는 건 감사하고 자랑스러운 일입니다.

2부에는 2020년부터 기후변화를 주제로 출연한 방송에서 했던 말들이 포함돼 있습니다. 기후를 다룬 대중 강연 방송 프로그램이 늘어난 데에는 코로나 사태를 겪으면서 기후위기에 대한 국민 관심이 높아진 이유가 크다고 생각합니다. 몇 개월에 걸친 방송 대본 만들기와 리허설, 녹화와 NG가 생소했습니다.

그럼에도 시청자에게 제 생각을 알릴 수 있는 시간을 갖게 된 것은 큰 보람이었죠.

2020년 7월 tvN 〈미래수업〉에서 '위기의 지구, 인류의 미래'라는 제목으로 강연을 했습니다. 방송 프로그램에 참여하면서 공효순, 박상원 PD와 송준화, 박은현, 이소연 작가에게 도움을 받았습니다. 2022년 1월 KBS 〈다음이 온다〉에서 '그린머니가 움직인다'라는 제목으로 강연하면서 이윤정, 최종훈 PD와 박소희, 김서경 작가에게 도움을 받았죠. 2022년 4월 jtbc 〈차이나는 클라스〉에서 '지금 우리 지구는'이라는 제목으로 강연할 때는 신예리 본부장과 송원섭 PD, 서자영, 서은율 작가가 도움을 주었습니다. 방송 중 여러 패널이 던진 유익하고 유쾌한 질문들 또한 힘이 됐고요. 책의 내용을 풍부하게 만드는 데 많은 도움을 준 방송인들에게 이 자리를 빌려 감사를 전합니다.

원고 일부를 작성하면 출판사에 보내 검토받고 다시 고치는 작업을 계속했습니다. 그 중심에 다산북스 한다혜 팀장이 있습니다. 그는 책의 기획부터 편집과 교정에 이르기까지 최고의 전문성과 성실함으로 함께해 주었습니다. 진심으로 감사합니다.

나를 학문의 길로 인도하고 더 나은 사람이 되도록 본을 보여주신 박사과정 지도교수 티모시 마운트Timothy D. Mount 선생님에게 존경과 사랑을 전하고 싶습니다.

기후위기는 어느 한 사람의 생각과 헌신만으로 극복할 수 없습니다. 지속가능한 대한민국과 지구를 열어가자는 거대한 발걸음을 함께 내디디고 있는 사람들이 떠오릅니다. 에너지전환의 현장에서 주민들과 땀 흘리며 대안을 만들어가는 지역 환경운동가들, 탈탄소 기술개발과 재생에너지 시장 개척을 위해 밤낮없이 뛰어다니는 기업인들, 우리의 미래를 잊지 말아달라며 외치고 행동하는 청년·청소년 활동가들, 학교를 내 집 삼아 기후연구에 헌신하는 젊은 연구자들. 이들 모두에게 감사와 존경의 마음을 전합니다.

나의 사랑하는 가족에게 고맙다는 말을 전합니다. 아내와 나는 한길을 걸어가는 삶의 동지입니다. 아내의 조언과 모범은 늘 나를 돌아보게 합니다. 두 딸과 사위 모두 부모가 걸어갔던 길을 걷고 있습니다. 가족이 한자리에 모여 생활을 나누고 지식을 나누며 지혜를 나눌 때 나는 가장 행복합니다.

어릴 적 어느 순간, 나에게 살아갈 꿈과 살아가는 기쁨, 세상을 향한 소망을 주신 하나님께 감사합니다.

글쓴이의 마음속으로 빨려 들어가는 글. 내 기억에 오래 남아 있는 책들은 한결같이 그랬습니다. 이 책을 읽는 독자들이 저의 마음을 읽고 느낄 수 있기를 바랍니다.

2023년 1월

홍종호

주

이 책을 펴내며

1) Nijsse, Femke, Peter Cox, Chris Huntingford and Mark Williamson, "Decadal global temperature variability increases strongly with climate sensitivity", *Nature Climate Change*, 9, 2019.

1
경제의 언어로 기후를 말하다

1장. 가계와 기업, 그리고 제3의 경제주체 '환경'

2) Ayres, Robert and Alan Kneese, "Production, Consumption, and Externality", *American Economic Review*, Vol. 59, Issue 3, 1969.

2장. 오늘 태어난 아기, 50년 뒤에 태어날 아기

3) Weitzman, Martin, "Prices vs Quantities", *Review of Economic Studies*, Vol. 41, No. 4, 1974.

4) HM Treasury, "Comments on the Stern Review by leading economists", United Kingdom, 2006.

5) 공공의 창·세계일보, "기후변화 인식 조사", 2019년 7월.

3장. 생명을 돈으로 환산한다면

6) Oswald, Andrew and Nattavudh Powdthavee, "Death, Happiness, and the Calculation of Compensatory Damages", *The Journal of Legal Studies*, Vol. 37, No. 2, The University of Chicago Press, The University of Chicago Law School, 2008.

7) United States Environmental Protection Agency, "Arsenic in Drinking Water Rule Economic Analysis", EPA-815-R-00-026, National Service Center for Environmental Publications, Washington DC, 2000.

8) 신영철, 김정수, 고도현, 권선희, 이규명, 김선형, 이상직, 박시용, 『화학물질 관리를 위한 사회경제성 분석 기반 구축』, 환경부, 2019.

9) Arrow, Kenneth and Anthony Fisher, "Environmental Preservation, Uncertainty, and Irreversibility", *The Quarterly Journal of Economics*, Vol. 88, No. 2, 1974.

10) Costanza, Robert, Ralph d'Arge, Rudolf de Groot, Stephen Farber, Monica Grasso, Bruce Hannon, Karin Limburg, Shahid Naeem, Robert V. O'Neill, Jose Paruelo, Robert G. Raskin, Paul Sutton and Marjan van den Belt, "The value of the world's ecosystem services and natural capital", *Nature* 387, 1997.

4장. '오염시킬 권리'를 사고팔 수 있을까?

11) Goldin, Davidson, "Law Students Buy and Hold Pollution Rights", *New York Times*, 1995. 3. 31.

6장. 우리의 미래는 장밋빛인가, 회색빛인가?

12) Keynes, John Maynard, "Economic Possibilities for Our

Grandchildren", *Essays in Persuasion*, New York: Harcourt Brace, 1932.

13) Runge, Wolfgang, *Technology Entrepreneurship : A Treatise on Entrepreneurs and Entrepreneurship for and in Technology Ventures*, Karlsruhe Scientific Publishing, 2014.

14) Smith, Frederick, "The Evolution of the Motion Picture: Looking into the Future with Thomas A. Edison", *The New York Dramatic Mirror*, 1913. 7. 9.

15) Boulding, Kenneth, "The Economics of the Coming Spaceship Earth", In H. Jarrett (ed.), *Environmental Quality in a Growing Economy*, Resources for the Future/Johns Hopkins University Press, 1966.

16) Meadows, Donella, Dennis Meadows, Jørgen Randers and William Behrens III, *The Limits to Growth: A Report for the Club of Rome's Project on the Predicament of Mankind*, A Potomac Associates Book, 1972.

2
기후의 언어로 경제를 말하다

7장. 기후가 집값과 경제성장률에 미치는 영향

17) Keenan, Jesse, Thomas Hill and Anurag Gumber, "Climate gentrification: from theory to empiricism in Miami-Dade County, Florida", *Environmental Research Letters*, Vol. 13, No. 5, 2018.

18) Hsiang, Solomon and Amir Jina, "The Causal Effect of Environmental Catastrophe on Long-Run Economic Growth: Evidence from 6,700 Cyclones", *NBER Working Paper* No. w20352,

2014.

19) Park, R. Jisung, Joshua Goodman, Michael Hurwitz, and Jonathan Smith, "Heat and Learning", *American Economic Journal: Economic Policy*, Vol. 12, No. 2, 2020.

20) Bekkar, Bruce, Susan Pacheco, Rupa Basu and Nathaniel DeNicola, "Association of Air Pollution and Heat Exposure With Preterm Birth, Low Birth Weight, and Stillbirth in the US", *JAMA Network Open*, Vol. 3, No. 7, 2020.

21) Larrick, Richard, Thomas A. Timmerman, Andrew M. Carton and Jason Abrevaya, "Temper, Temperature, and Temptation: Heat-Related Retaliation in Baseball", *Psychological Science*, Vol. 22, Issue 4, 2011.

8장. 기후불황, 경고등이 켜지다

22) Lee, Miyeon, Jong Ho Hong, and Kwang Yul Kim, "Estimating Damage Costs from Natural Disasters in Korea", *Natural Hazards Review*, Vol. 18 Issue 4, 2017.

9장. 거대한 전환으로 나아가는 세계 경제

23) Press Release, Federal Ministry for Economic Affairs and Climate Action, Federal Republic of Germany, April 6, 2022.

10장. 주도자가 될 것인가, 희생자가 될 것인가?

24) 이철용, 『균등화 발전비용 메타분석』, 한국자원경제학회, 2021.

25) 오수빈, 『기후위기 위험인식과 대응행동 의도 간 감정적 반응의 매

개효과와 세대 간 차이』, 서울대학교 환경대학원 석사학위 논문, 2022.

11장. 기후를 중심으로 그린머니가 움직인다

26) Dasgupta, Susmita, Jong Ho Hong, Benoit Laplante and Nlandu Mamingi, "Disclosure of environmental violations and stock market in the Republic of Korea", *Ecological Economics*, Vol. 58, Issue 4, 2006.

12장. 기후위기를 새로운 경제성장의 기회로

27) 윤지로, "특집기획: 기후위기 도미노를 막아라", 세계일보, 2020년 7월 18일.

28) IRENA and ILO, *Renewable Energy and Jobs:Annual Review*, 2022.

29) 홍종호, 김보람, 이소임, 「재생에너지 보급 및 확대를 통한 일자리 창출 방안」, 일자리위원회, 2019.

30) 기후솔루션, 『석탄에서 재생에너지로 에너지 전환의 고용 영향 분석』, 2021.

추가 참고문헌

- 김홍균, 이호생, 임종수, 홍종호, 『환경경제학』, Pearson, 2013.
- 홍종호, 「2050 탄소중립, 과연 가능한가?」, 경제학 공동학술대회 전체회의 발표자료, 서울대학교, 2021a.
- 홍종호, 「그린으로의 전환」, 『코로나 사피엔스: 새로운 도약』, 인플루엔셜, 2021b.
- 홍종호, 「에너지 전환을 위한 정부의 책무」, 『공존과 지속: 기술과

함께 하는 인간의 미래』, 서울대 23인 석학의 한국의 미래 프로젝트, 민음사, 2019.
- 홍종호, 「경제학의 눈으로 바라본 환경문제: 성장과 보전의 딜레마」, 『지식의 지평』, 제6호, 대우재단, 2009.
- Boardman, Anthony, David Greenberg, Aidan Vining, David Weimer, *Cost-Benefit Analysis: Concepts and Practice,* 5th Edition, Cambridge University Press, 2018.
- Kula, Erhun, *History of Environmental Economic Thought,* Routledge Studies in the History of Economics, Routledge, 1998.

기후위기 부의 대전환

초판 1쇄 발행 2023년 1월 26일
초판 5쇄 발행 2024년 8월 14일

지은이 홍종호
펴낸이 김선식

부사장 김은영
콘텐츠사업본부장 임보윤
책임편집 문주연 **디자인** 윤유정 **책임마케터** 이고은
콘텐츠사업1팀장 성기병 **콘텐츠사업1팀** 윤유정, 정서린, 문주연, 조은서
마케팅본부장 권장규 **마케팅2팀** 이고은, 배한진, 양지환 **채널2팀** 권오권
미디어홍보본부장 정명찬 **브랜드관리팀** 오수미, 서가을, 김은지, 이소영
뉴미디어팀 김민정, 홍수경, 이지은, 변승주
지식교양팀 이수인, 염아라, 석찬미, 김혜원, 백지은
편집관리팀 조세현, 김호주, 백설희 **저작권팀** 한승빈, 이슬, 윤제희
재무관리팀 하미선, 윤이경, 김재경, 임혜정, 이슬기
인사총무팀 강미숙, 지석배, 김혜진, 황종원
제작관리팀 이소현, 김소영, 김진경, 최완규, 이지우, 박예찬
물류관리팀 김형기, 김선민, 주정훈, 김선진, 한유현, 전태연, 양문현, 최창우
외부스태프 교정 김정현

펴낸곳 다산북스 **출판등록** 2005년 12월 23일 제313-2005-00277호
주소 경기도 파주시 회동길 490
전화 02-702-1724 **팩스** 02-703-2219 **이메일** dasanbooks@dasanbooks.com
홈페이지 www.dasan.group **블로그** blog.naver.com/dasan_books
종이 신승INC **인쇄** 한영문화사 **코팅 및 후가공** 평창피엔지 **제본** 국일문화사

ISBN 979-11-306-9656-0 (03320)